성공을 이끄는
마케팅 법칙

차 례

Contents

03마케팅의 핵심을 안내하는 길라잡이 05최초로 진입하라
13마케팅 조사의 허와 실 22마케팅은 콘셉트를 파는 것이다
32STP를 정조준하라 43브랜드마케팅으로 승부하라 56매출
액이 인격이다 66성공적인 커뮤니케이션 전략 76PR과 SNS마
케팅에 주목하라 85마케팅 리더십

마케팅의 핵심을 안내하는 길라잡이

시장에는 수많은 기업에서 만든 상품들이 넘쳐나고 있다. 저마다 사람들을 유혹하면서 구매되기를 희망하고 있지만 모두가 선택받을 수 있는 것은 아니다. 지금은 풍요의 시대다. 대체상품이 늘어나면서 경쟁이 치열해지고 있다. 방송으로 무장한 홈쇼핑은 백화점이나 할인점에 도전장을 던졌고, 스마트폰의 등장으로 모바일에 결제시스템을 도입한 이동통신사와 신용카드사의 경쟁도 예견된다.

기업 간 마케팅전쟁이 국경을 초월해 전 산업 분야에 걸쳐 일어나고 있는가 하면, 동시에 상생을 추구하기 위한 전략적 제휴도 활발히 전개되고 있다. 예를 들어 경쟁 관계에 있는 삼성과 애플이 부품에서는 제조사와 공급사로 협력을 추구하고 있다. 이는 영원한 적도 영원한 동지도 없는 새로운 패러다임을 보여주는 사례로 볼 수 있다.

현대경영에서 마케팅의 중요성을 강조하는 것은 이미 진부한 일이다. 언론이나 뉴스에서도 마케팅이라는 말이 일상화되면서 익숙해지고 있지만, 일반인들에게는 아직도 어려운 개념으로 인식되고 있다. 이 책은 이러한 독자들에 대한 고민을 해결해줄 목적으로 쓰인 마케팅에 대한 안내서이다. 일반 독자들은 물론 마케팅에 관심이 많은 학생에게 필요한 기본적인 정보를 담고 있다. 이론적인 내용과 기업에서 벌어지고 있는 사례를 조화시켜 현장감 있게 구성하는 것을 목적으로 했다.

마케팅 실무자들의 머릿속을 끊임없이 따라다니는 단어가 있다. 다름 아닌 돈(마케팅 예산)이다. 한정된 예산으로 효율을 극대화하기 위해 담당자들은 고민하고 또 고민한다. 마케팅 실무자들이 마케팅이란 단어에서 느껴지는 역동성을 따라잡기 위해서는 실시간으로 변하고 있는 시장의 흐름을 놓쳐서는 곤란하다. 현대사회에는 일순간의 변화나 경쟁에 대처하지 못해 사라지는 기업들이 많다. 시장에서 기업 간 경쟁을 압축해보면 마케터들 간에 벌어지는 치열한 아이디어 싸움으로 귀결된다. 상품력과 조직력이 비슷하다면 승부는 마케팅에서 판가름나는 것이다. 기업에서 마케팅이 핵심인 이유가 바로 여기에 있다. 이제 마케팅은 한때 나타났다 사라지는 다양한 경영기법이 아니라 기업의 생존을 결정하는 핵심이다. 기업은 이제 마케팅 전략에서 탈출구와 실마리를 찾아야 한다.

최초로 진입하라

　현대경영에서 마케팅의 중요성이 강조되는 이유는 공급이 수요를 초과하면서 상품들이 넘쳐나고 있기 때문이다. 대체상품과 함께 유사한 업종이나 경쟁자 수가 늘어나면서 경쟁의 형태도 매우 복잡하게 다변화되고 있다. 기업이 이러한 경쟁적인 시장 환경에서 살아남기 위한 전략이 마케팅인 것이다.

　수요가 공급을 초과하던 독점이나 독과점 시장에서 마케팅의 중요성은 간과되었다. 과거 특정분야에서 시장을 독점하던 공기업에서 마케팅은 상대적으로 덜 중요했을 것이다. 그러나 시장개방에 따른 외국산 담배의 급격한 시장잠식과 정부의 민영화 정책에 따라 새롭게 출범한 KT&G는 대기업 출신의 전문 마케터를 채용해 마케팅 조직을 재편하지 않을 수 없었다. 이들은 외국산 담배에 대항할 목적으로 브랜드를 시작으로 디자인이나 유통, 광고 등에서 단순히 애국심에 호소하던 차원에서 벗어나 세련된 마케팅 기법을 펼친 것이다. 이러한 노력 덕분에 외국산 선진기업들의 마케팅 공세에도 효과적으로 시장을 방어하고 있다. 이처럼 마케팅이 달라지면 소비자의 구매행태가 달라지고 이것은 곧바로 기업의 경영성과로 연결된다. 현대경영에서는 마케팅 목표가 곧 기업의 경영목표가 되고 있다. 여기서 마케팅의 중요성을 실감할 수 있을 것이다.

마케팅이 중요한 이유는 숫자를 책임지는 부서이기 때문이다. 기업의 업무는 숫자에서 시작해 숫자로 귀결된다. 다양한 숫자 중에서 핵심지표라 할 수 있는 매출액과 손익은 마케팅부서의 전적인 책임이다. 실무에서 매출액이 마케터의 인격으로 통하는 이유도 여기에 있다.

그렇다면 마케팅 성과에 가장 큰 영향을 미치는 변수는 무엇일까? 바로 타이밍이다. 세계적 베스트셀러인 『마케팅 불변의 법칙』에서도 '더 좋은 것보다 맨 처음이 낫다'는 선도자법칙이 제1법칙으로 강조되고 있다. 이것은 의식 있는 마케터라면 충분히 공감할 만한 사항이다. 특별한 경우를 제외하고 대부분 시장에서 1등을 차지하고 있는 상품이나 브랜드의 공통점은 시장에서 가장 먼저 출시한 상품인 경우가 많다.

블루오션 전략의 핵심도 남들이 개척하지 않은 미지의 시장을 선도해 나가는 것이다. 시장을 크게 '레드오션'과 '블루오션'으로 구분한다. '레드오션'은 이미 잘 알려진 시장으로 리스크가 높지 않지만 수익도 크지 않다. 여기서는 무자비한 제로섬 게임이 전개되기 때문에 결국 시장이 핏물로 가득 찬다. 그래서 레드오션이다.

반면에 '블루오션'은 잘 알려지지 않은 시장, 즉 경쟁으로 더 럽혀지지 않은 '무(無)의 시장'으로 두드리면 열리고 뿌린 만큼 거둔다는 절대 진리가 적용되는 시장으로 리스크가 높지만 기대 수익도 높은 곳이다. 기업들은 이러한 블루오션을 적극 찾아야 한다.

마케팅에서 타이밍은 최대이슈가 분명하다. 세일즈 프로모션이나 이벤트를 진행할 때도 그렇고 광고를 제작할 때도 마찬가지다. 특히 신제품 마케팅에서 제품을 출시하는 시점은 마케팅 승패를 좌우하는 결정적인 지표일 뿐만 아니라 후발회사들을 선도할 수 있는 나침반 같은 역할을 한다. 이러한 장점에도 기업들이 블루오션 시장을 공략하지 못하는 이유는 시장개발에 따른 리스크를 두려워하기 때문이다. 이러한 이유에서 지속적인 투자로 혁신적인 신제품을 개발하기보다 다른 회사가 개척한 시장에 숟가락을 얹는 것을 선호하는 경향이 있다. 신시장 개척에 따른 투자위험을 회피하고 좀 더 안정적인 방법으로 시장의 이익에 편승하려는 의도다.

마케팅은 제품이 아니라 인식의 싸움이라는 말이 있다. 소비자들의 인식을 지배하는데 가장 큰 영향을 미치는 요인은 타이밍이다. 마케팅에서 타이밍이슈는 매우 중요한 절대적인 변수다. 만일 특정한 시점을 놓쳐서 경쟁사에 주도권이 넘어가면 이를 돌이키기 위해서는 막대한 희생과 대가를 지불해야만 한다.

유사상품 출시를 경계하라

시장에서 하나의 변화는 새로운 변화를 창출하는 원동력이 된다. 선행변수가 되어 연쇄적인 변화를 일으키는 시발점으로 작용하는 것이다. 다른 기업의 몰락이 자사에는 새로운 기회가 될 수 있고 오히려 위기 요인으로도 작용할 수 있다.

마케팅을 구성하고 있는 대·내외적인 환경변수는 계속 변화하고 있다. 고객의 욕구를 시작으로 법적인 환경이나 새로운 경쟁자의 출현이나 소멸은 서로 긴밀하게 연결되어 있다. 이러한 이유에서 마케팅을 담당하는 관리자들은 시장을 구성하고 있는 변화를 예측하고, 자사에 영향을 미칠 요인을 파악해 대처하는 지혜가 필요하다. 위기가 기회라는 말이 있듯이 변화 속에서 잠재된 기회를 포착할 수 있는 역량을 말한다.

마케터가 초조할 때는 경쟁사가 튀는 전략으로 시장에서 주도권을 장악했을 때이다. 이럴 때는 기발한 아이디어도 떠오르지 않고 경쟁사가 수행했던 전략을 답습하는 실수를 저지르는데 이것은 매우 위험한 발상이다. 이는 오히려 경쟁사를 도와줄 수 있기 때문이다.

세계는 점점 국경을 초월해 한몸이 되어가고 있다. 우리나라도 막대한 자금력과 마케팅 역량으로 무장한 다국적 기업들이 내수시장을 급격히 잠식하고 있다. 저평가된 국내 우량기업들에 대한 적대적 인수합병을 필두로 제약이나 화장품 같은 제조업은 물론 유통업이나 금융업, 서비스업에 이르기까지 그 영역이 전방위로 확대되고 있다.

이들은 막강한 글로벌 브랜드파워를 활용하거나 국내의 특수한 상황에 알맞게 재설정된 투자로 다방면에서 국내시장을 잠식하고 있다. 상대적으로 자금력과 마케팅이 열악한 국내 기업들은 연구개발에 드는 투자를 회피하기 위해 다른 기업이 개척한 시장에 숟가락을 얹는 미투(Me too) 전략을 선호하고 있다. 안타까운 것은 중소기업을 넘어 중견기업과 대기업에서도 이러한 일이 자행하고 있다는 사실이다.

미투상품은 1위 브랜드나 스타 브랜드 또는 경쟁 관계에 있는 1등 상품을 모방한 상품을 말한다. 원재료 값의 상승이나 불황, 기업 간 감정 등을 이유로 연구개발 없이 손쉽게 신상품을 카피한 상품이다. 연구개발에 투자 없이 무임승차하려는 행위를 원천적으로 차단하기 위해서는 거시적인 차원에서 정부가 처벌수위를 높일 필요가 있다.

국내 시장에서는 유사상품 출시가 관행처럼 일상화되고 있다. 유행성이 강한 음료시장이나 생활용품, 위생용품 등에서 흔히 목격할 수 있다. 자일리톨껌이 성공하자 오리온과 해태제과는 유사상품을 출시해 소송까지 야기되었고, 남양유업의 '맛있는 우유GT'를 모방한 빙그레의 '참 맛좋은 우유NT'도 소송까지 벌였다. 물먹는 하마가 시장에서 성공하면 제습제 시장은 물먹는 메기, 물먹는 코뿔소 등과 같이 동물의 캐릭터 시장으로 변질한다. 비타민을 음료화해 성공한 '비타500'의 뒤를 이어

'비타1000'이나 '비타1500', '비타2000' 등의 유사상품이 봇물이 터지듯 하였다.

이러한 무분별한 히트상품의 복제는 연구개발에 투자한 선발회사의 의지를 한순간에 꺾어버릴 뿐만 아니라, 단일국가 인구가 1억 미만인 국내의 한정된 시장에서 중복투자에 따르는 국가적인 손실도 큰 상황이다. 국내 기업들이 혁신적으로 발상을 전환하지 않는다면 내수는 물론 글로벌 경쟁에서도 살아남기 어려운 상황을 직시해야만 한다.

이를 근본적으로 해결하기 위해서는 정부가 산업재산권제도를 혁신적으로 수정하거나 보강해 불법복제국이라는 불명예를 원천적으로 차단해야만 한다. 시장에서 획기적인 신기술을 개발한 업체에 대해서는 인센티브나 세제혜택 또는 연구개발에 든 비용 일부를 보전해주는 정책도 효과적일 것이다. 반면 교묘하게 히트상품을 모방한 유사상품에 대해서는 법적인 처벌 수위를 한층 강화해야만 한다.

더 좋은 것보다 맨 처음이 낫다

히트상품을 개발하는 데 있어 가장 중요하고 기억해야 할 철학인 '최초로 진입한 상품이 최고가 된다.'는 법칙을 유념할 필요가 있다. 특별한 경우를 제외하고 대부분 시장에서 1등으로 진입한 제품이 1등 브랜드가 되고 이러한 1등 브랜드들이 대부분 히트상품이기도 하다.

최근 미국 대학에서는 마케팅 원론 책을 덮고 사례 중심으로 마케팅 수업을 진행한다고 한다. 이것은 마케팅이 다양한 대내외적인 환경요인으로부터 영향을 받기 때문에 현재의 시점에서는 결과가 달라질 수 있다는 것을 의미한다. 이처럼 타이밍은 마케팅에서 가장 중요한 변수로 '전장에서 패배한 장수는 용서받을 수 있어도 전쟁터에 늦은 장수는 결코 용서받을 수 없다.'는 말에도 그 중요성이 내포되어 있다.

특별한 경우를 제외하고 대부분 카테고리에서 1등 상품의 공통점은 시장에 가장 먼저 진입한 제품이다. 이는 마케팅이 제품의 싸움이 아니라 인식의 싸움이라고 하는 데서 비롯된 결과로, 소비자 인식을 가장 크게 지배하는 변수가 바로 시장 진입 순서이기 때문이다. 특히 경쟁사들의 진입이 늦어진 카테고리일수록 선발브랜드가 카테고리 브랜드로 통용되는 경우가 많다.

상품이 넘쳐나는 시대에 히트상품의 개발은 쉽게 보일지도 모른다. 하지만 현업에서 신제품을 개발해본 사람들은 경쟁이 치열한 시장 환경에서 히트상품을 만드는 일이 무엇보다 어려운 마케팅 과업이란 사실을 잘 알고 있다. 더군다나 무에서 유를 창출하는 최초의 상품을 개척한다는 것은 더욱 어려운 일이다. 실제로 성공을 거둔 히트상품의 내막을 자세히 들여다보면 공개하지 못할 의사결정 과정이나 에피소드가 있을 것이다. 언론이나 방송에서 화려하게 스포트라이트를 받는 히트상품의 뒤에는 담당자의 힘겨운 노고가 있었다는 말이다.

현장에서 소비자를 설득하는 것보다 힘든 것이 회사 내부에서 신제품 콘셉트에 대한 공감대를 이끌어내는 일이다. 국내에서 최초로 시장을 개척하는 신제품일 경우 경영진을 설득하기 위해서는 철저한 논리적 근거와 용기가 필요하다. 의사결정자들은 자신의 과거 경험이나 부정적인 편견과 아집을 버려야 한다. 객관적인 시각으로 신제품 콘셉트를 평가한 다음에 용기 있는 결단이 요구된다. 기발한 아이디어를 보유한 사람이 용기가 부족하면 아무리 좋은 제품의 아이디어라 하더라도 결코 시장에서 빛을 볼 수 없을 것이다.

21세기 서두에서 디지털환경에 대응하지 못한 코닥이 일류기업에서 밀려난 것처럼, 스마트폰 환경에 대처하지 못한 노키아도 현재 IT 시장에서 고전하고 있다. 기업에서 신제품개발이 얼마나 중요한지 유감없이 보여주는 사례다. 히트상품은 시대의 사회상이나 트렌드를 반영하는 특징을 가지고 있다. 어쩌면 시대의 주요 트렌드를 히트상품이 이끌어 나갈지 모른다. 신제품 개발을 담당하는 사람은 시대에 불고 있는 초기의 변화가 일시적인 유행인지 아니면 하나의 거대한 흐름인지를 정확히 판단할 수 있어야 한다. 시대의 주요 트렌드에서 미래를 이끌어 나갈 수 있는 혁신적인 신제품 기회를 유추할 수 있는 것도 의미 있는 일이다. 남들이 가지 않은 길을 걸을 수 있는 용기가 있어야 실행할 수 있다.

마케팅 조사의 허와 실

    우리는 소비자이기 이전에 사람이다. 사람은 자신이 자라온 환경이나 문화에 따라 서로 다른 성격을 가지고 행동을 유발한다. 다양한 사회과학 분야에서 이러한 인간의 행동에 관한 연구가 지속해서 진행되어 왔다. 그중에서 인간을 소비자로 관찰하고 행동을 분석해온 분야가 마케팅의 한 축을 이루는 '소비자 행동 분석'이다. 소비자 행동이란 어떤 사람이 시장에서 재화나 서비스를 구매할 때 언제, 어디서, 무엇을, 왜, 어떻게 구매하는지에 대한 일정한 행동패턴을 말한다. 기업들이 소비자 행동에 관심을 가지는 이유는 간단하다. 소비자들이 어떠한 경로와 절차를 통해 상품을 구매하고 피드백하는지를 분석함으로써 마케팅 의사결정에 활용하기 위해서다. 급변하는 경쟁에서 다양한 소비자 욕구를 찾아내고 이들의 욕구를 충족시키기 위함인 것이다.

알 수 없는 한 길 사람 속

지금까지 수많은 논문과 마케팅 서적에서 소비자들의 구매행동에 대해 체계적이고 분석적인 모델을 제시해 왔음에도 이를 정형화된 모델로 일반화하는 데는 한계가 있었다. 왜냐하면 제품이나 서비스마다 성격이 다를 뿐만 아니라 관여도나 구매시점, 사용용도, 경쟁 환경이 서로 다르기 때문이다. 이처럼 소비자들의 구매 행동에 직·간접적으로 영향을 미치는 변수는 다르다. 이러한 이유에서 마케팅 담당자들은 의사결정을 내리기 전에 마케팅 조사를 진행하게 된다. 열 길 물속은 알아도 한 길 사람 속은 알기 어렵기 때문이다.

소비자조사를 진행하는 가장 큰 목적을 '직접적인 의사결정을 수행하기 위해서'라고 생각하는 것은 곤란하다. 마케팅 조사는 전략을 검증하기 위한 수단으로 이해하는 것이 바람직하다. 대부분 기업은 과거부터 진행해온 자료나 경험, 기존에 발표된 각종 학술자료를 통해 소비자들의 행동을 어느 정도 예측할 수 있다. 이러한 기존자료의 토대 위에 실무를 하면서 터득한 경험과 직관이 더해질 때 추가적인 마케팅 조사는 무의미할 수도 있다. 그럼에도 중대한 검증이 필요하면 조사를 진행하는 것이 바람직한 방향이다.

일반적으로 담당자가 목표한 방향으로 조사결과가 도출되

는 것이 좋다. 대부분 조사에 착수하기 전에 결과치를 예상한다. 예측치와 결과치가 일치하면 프로젝트의 성공 가능성도 높아질 것이다. 반대로 예상했던 것과 상이한 결과가 도출된다면 상품이나 프로젝트에 대해 대부분에서 마케팅 전략이 수정되어야 한다. 실무에서 모든 마케팅 의사결정을 소비자조사를 통해 진행할 수는 없는 노릇이다. 마케팅에서 담당자의 직관이 강조되는 이유도 여기에 있다. 마케팅 조사를 진행하는 데는 많은 시간이 소요될 뿐만 아니라 설계가 잘못되었을 경우 조사하지 않은 것보다 나쁜 결과가 도출되기도 한다. 현장에서는 신속하게 대응할 목적으로 마케팅 조사 없이 의사결정을 단행하는 경우도 빈번하게 발생하고 있다.

그렇다고 소비자조사 자체를 부정하거나 게을리하라는 말로 이해하는 것은 곤란하다. 정확한 소비자조사는 장기적인 차원에서 올바른 전략 방향을 제시해주어 막대한 손실이나 기회비용을 예방할 수 있다. 막대한 재원이나 기간이 투입되는 중대한 프로젝트를 진행하기 전에는 반드시 소비자조사를 통해 검증받고 추진하는 것이 옳다.

쓰레기가 들어가면 쓰레기가 나온다

소비자조사를 통해 실행에 돌입했는데 조사가 잘못 진행되었다면 어떤 일이 벌어질까? 참으로 심각한 결과가 초래될 것이다. 실제로 마케팅 조사는 얼마든지 사전에 특정한 목적으로 조작할 수 있다. 서로 다른 목적을 가진 사회의 특정단체나 정당에서 조사한 결과가 서로 불일치하는 경우가 있다. 이것은 해당 단체에서 특정한 결과를 도출할 목적으로 사전에 설문지나 표본을 조작했기 때문에 발행한다. 쓰레기가 들어가면 쓰레기가 나오는 것이 마케팅 조사의 실체이다.

최근에는 통계학의 발달과 정교한 통계 프로그램의 개발로 이러한 오류가 점차 축소되고 있지만, 조사를 사전에 계획하고 설계하는 과정은 아무리 강조해도 지나치지 않는다. 조사결과를 해석할 때도 '꿈보다 해몽'이란 말처럼 결과를 액면 그대로 믿기보다는 다양한 관점에서 결과를 재해석하고 소비자들이 대답한 의중을 간파해야만 한다.

정확한 결과 도출을 위해서는 정형화된 절차에 따라 전문가에 의해 조사가 이루어지는 것이 좋다. 시장조사를 위해 전담팀을 별도로 운영하는 기업은 문제 될 것이 없지만, 별도로 조직이 구축되어 있지 않은 경우 담당자가 직접 마케팅 조사를 진행해야 한다. 이때 조사 성격에 부합한 신뢰성이 높은 조사기관을 선정하는 것이 관건이다.

담당자가 외부에 소비자조사를 의뢰할 때 가장 먼저 확정할 사항은 조사를 진행하는 명확한 목적이다. 조사에 대한 마케팅 예산을 확보한 이후에 2~3곳의 조사기관을 만나 오리엔테이션을 통해 제안서를 받아볼 필요가 있다. 사전에 진행하려는 조사에 대한 명확한 개념과 표본설정, 예산 등에서 정확한 기준을 제공할수록 제안서의 품질도 명확해질 수 있다.

업체로부터 제안서를 받아본 다음, 업체를 확정할 때는 업체별로 제시한 비용이나 일정에만 얽매이지 말고 조사업체가 보유한 전문성과 표본의 할당, 설문지의 품질 등을 종합적으로 고려해야 한다. 정성조사(Qualitative Study)를 진행할 때는 담당 모더레이터(moderater, 회의나 토론석상에서 사회를 담당하는 사람)를 직접 만나서 충분한 토의를 거친 다음 조사를 진행하는 것이 좋다. 조사기관과 사전에 충분한 토의와 협의를 거친 다음에 업무를 진행해야 혼선이나 오해가 없다. 그래야 경험적으로 객관적이고 모집단 특성에 근접한 결과를 도출할 수 있다. 쓰레기가 들어가면 쓰레기가 나온다(Garbage in, garbage out)는 마케팅 조사의 메시지를 유념해야만 한다.

일부 기업에서는 소비자조사를 목적으로 사내에 별도로 고객모니터 제도를 운영하고 있다. 기업이 자체적으로 자사 상품이나 서비스를 핵심 고객층에게 직접 조사할 목적으로 별도의 방법을 통해 정기적으로 담당자와 미팅을 하면서 고객의 아이디어를 수렴하는 제도다. 신속한 의사결정이 요구되는 사항이나 간단한 조사에 유익하지만, 사내에서 채택한 모니터란 특성 때문에 편견이나 오류가 개입될 수 있다.

또한 불특정 다수를 무작위로 진행하는 방법과 달리 기업의 이름이 노출된 상태에서 특정한 사람만을 중심으로 표본이 확정되어 있기 때문에 신뢰성이 결여될 수밖에 없다. 이러한 단점에도 비용과 시간을 획기적으로 절감할 수 있고 지속해서 모니터링이 가능하다는 장점이 있다. 그룹당 10여 명으로 구성하고, 편견이 개입되는 것을 차단하기 위해 1년 단위로 모니터를 교체하는 것이 좋다. 모니터 아래에는 각각의 서브모니터를 두고 큰 표본이 필요한 조사에 활용할 수 있다.

꿈보다 해몽이 중요하다

마케팅 조사기관에 근무하는 연구원들의 전공을 살펴보면 뜻밖에 심리학과 출신이 많은 것을 알 수 있다. 통계학이나 전산학, 경영학 출신들이 대부분을 차지하고 있긴 하지만 소비자조사가 인간의 기본적인 심리를 연구하고 해석한다는 측면에서 이들의 역할은 중요할 것이다. 특히 주관성이 강조되는 정성조사를 진행할 때는 더욱 중요한 문제다.

소비자조사의 유형은 크게 정성조사와 정량조사로 구분할 수 있다. 정량조사의 핵심은 표본의 할당과 숫자로 방문조사나 인터넷조사, 전화조사를 통해 진행된다. 정성조사는 특정한 공간에서 전문가의 심층적인 면접을 통해 이루어진다. 정량조사가 모집단 특성을 규명하기 위해 일정한 표본을 대상으로 해당 항목에 대답한 응답자 수에 따른 카운트를 중시하는 데 반해, 정성조사는 조사결과를 숫자로 구체화할 수는 없으므로 면접할 당시에 응답자의 미묘한 심리상태를 깊이 있게 검증할 수 있어야 한다. 프로젝트의 성격에 따라 조사법이 결정되겠지만 정성조사와 정량조사를 서로 병행하는 것이 좋다. 일반적으로 정성조사를 진행한 다음에 프로젝트에서 미흡한 곳을 보완해 정량조사를 진행하면 프로젝트의 성공 가능성을 배가시킬 수 있다.

일반적으로 마케팅 조사는 설문지로 이루어지는 경우가 많다. 작성된 설문지에 따라 결과가 다를 수 있기 때문에 설문지를 신중하게 만들어야 한다. 국내에서 가장 보편적으로 활용하고 있는 설문지는 5척도법에 의한 질문으로 한국인은 '싫은 것은 싫고, 좋은 것은 좋게' 명확하게 대답하지 않고 다소 모호하게 얼버무리는 특성이 있다. 이를 무시하고 5척도법 기준으로 단순히 3.7점 이상이면 프로젝트를 진행하고 3.7점 미만이면 프로젝트를 중단한다는 단순한 이분법적 사고는 대단히 위험한 발상이다. 설문지 문항의 특성과 다른 항목과의 상관관계, 카테고리의 특성이나 시장의 특성을 주도면밀하게 분석해 합리적으로 의사결정을 내려야 한다.

정확한 결과를 도출하기 위해서는 설문지 작성에 유념할 필요가 있다. 설문지 작성에 따라 결과가 크게 왜곡될 수 있기 때문이다. 설문지를 작성할 때 유의할 점은 다음과 같다. 첫째, 질문은 마치 옆에서 대화하는 것처럼 구어체로 작성해야 한다. 질문이 자칫 형식적이면 형식적인 응답이 나올 수 있다. 면접 대상자에게 친숙한 단어를 사용해야지 특수 용어나 어려운 단어를 사용하면 소비자들은 당황한다. 둘째, 하나의 질문에서는 한 가지 질문만 해야 한다. 복수 질문을 피하고 가능한 한 짧고 단순하게 만드는 것이 좋다. 문장이 너무 길면 무슨 말인지 이해하지 못할 수 있고 면접원이 읽어주기도 어렵기는 마찬가지다. 셋째, 이중 부정은 피해야 한다. 질문이 선명해야 하며 혼란을 가져올 수 있는 사항을 제거해야 한다. 쉬운 질문에서 점차 어려운 질문으로, 전체적인 질문에서 점차 지엽적인 질문으로 나가는 것이 좋다. 넷째, 앞 질문이 뒤에 있는 질문의 응답에 영향을 주지 않도록 질문의 순서도 유의해야 한다. 아주 미세한 차이가 나는 유사한 질문을 반복하거나 편견이 개입되어 응답이 왜곡될 수 있는 질문도 철저하게 배제해야 한다.

한편 인터넷조사가 새로운 대안으로 등장하면서 논란이 되고 있다. 온라인조사가 비용이나 시간에서 오프라인보다 경쟁력이 있다는 찬성론과 신뢰성에 한계가 있다는 반대론이 팽팽히 맞서고 있다. 하지만 전화가 보급될 당시에는 전화로 마케팅조사가 가능하겠느냐는 논란을 낳았지만, 전화조사가 보편화 되었듯이 인터넷조사도 이미 보편적으로 활용되고 있다.

인터넷조사의 가장 큰 특징은 속도가 빠르다는 점이다. 면접원이 필요 없으므로 인건비가 절약되고, 조사 진행 속도가 실시간으로 빨라서 긴급히 실시하는 조사에 매우 적합하다. 그럼에도 인터넷조사의 가장 대표적인 E메일을 통해 진행되는 설문지에는 응답 참여율이 매우 저조한 단점을 가지고 있다. 약 30문항인 설문지를 100명에게 이메일로 발송하면 21명이 설문에 응하고 79명은 삭제한다. 설문에 응한 21명도 7명은 중간에 설문을 포기한다. 인터넷조사의 또 다른 장점은 목표한 고객에 근접한 조사대상을 선정할 수 있다는 것이다. 예를 들어 30대 맞벌이 부부를 대상으로 조사할 때 조건에 부합하는 목표고객을 대상으로 다양한 정보를 파악할 수 있다. 맞벌이 부부의 조건을 갖춘 고객만을 조사하면 된다.

이 밖에도 인터넷조사는 동영상을 직접 보거나 시연할 수 있는 조사가 가능하다. 경우에 따라서는 제대로 교육받지 않은 면접원의 주관이 개입되는 것을 차단할 수 있기 때문에 오프라인 조사보다 표준화된 결과를 얻을 수 있다고도 한다. 하지만 응답자가 본인이 아니라는 논란과 자료의 신뢰성에 대한 의구심은 지속해서 논란이 되고 있다.

소비자조사는 체계적인 마케팅 의사결정을 위한 필수적인 요소다. 하지만 약(藥)도 잘 쓰면 보약이 되지만 잘 못쓰면 독약이 되는 것처럼 소비자조사도 마찬가지다. 조사결과에 대한 지나친 불신과 회의도 문제지만, 모든 마케팅 의사결정을 단순한 숫자적인 결과에만 의존하려는 경향은 더욱 위험한 발상이다. 소비자조사는 무엇보다 결과에 대한 해석이 핵심이다. 꿈보다 해몽이 더욱 중요하다는 말이다.

마케팅은 콘셉트를 파는 것이다

히트상품은 고객의 숨겨진 욕구를 발견해야만 창출되는 것일까? 그럴 수 있지만 그렇지 않을 수도 있다. 현재 스마트폰 시장은 고객들이 스마트폰을 그리 원하지 않았음에도 애플과 삼성전자가 공격적으로 마케팅을 펼치면서 만들어진 시장이다. 이처럼 히트상품은 마케팅으로 창출될 수 있다. 다시 말해 히트상품은 마케팅의 모든 활동을 통해 사후적으로 만들어지는 것이지 고객의 내면에 존재하는 욕구를 발견하는 일이 아니라는 것이다. 마케터는 고객의 마음속에 콘셉트라는 씨앗을 뿌리고 지속해서 꽃을 피울 때까지 가꾸어 나가야 한다.

고객은 제품을 구매하는 것이 아니라 문제 해결 방법을 구매한다. 대부분 히트상품은 이러한 문제를 시장에서 정면으로 이슈화시켜 고객들로 하여금 문제를 해결할 수 있는 대안으로 자신의 콘셉트를 제시하고 있다. '발효과학'이라는 슬로건으로 김치냉장고 시장을 개척한 '딤채'나, 섬유의 냄새제거를 콘셉트로 국내생활용품 시장에서 섬유소취제라는 새로운 카테고리를 개척한 P&G의 '페브리즈'도 궁극적으로 숨겨진 고객의 니즈를 발견했다기보다 역량 있는 마케팅 담당자가 창출한 시장으로 보는 것이 타당할 것이다. 마케팅은 콘셉트를 파는 일이다. 콘셉트(Concept)이란 특정한 사물이나 물건의 공통된 속성을 종합화한 보편적인 개념을 말한다.

히트상품의 콘셉트는 명확하다. 콘셉트가 명확할수록 히트상품으로 등극할 수 있다. 기존에 없던 무에서 유를 창조한 혁신적인 상품은 물론, 제로섬 게임이 치열하게 전개되는 기존시장에서 성공한 상품도 마찬가지다. 모호한 콘셉트가 시장에서 히트한 경우는 지금까지 없었고 앞으로도 없을 것이다. 마케팅 관점에서 훌륭한 콘셉트란 소비자가 구매하고 싶은 욕구가 일어날 수 있는 매개체로, 상품이 보유한 핵심적인 혜택을 소비자에게 제대로 전달하는 일이 중요하다. 고객은 제품을 사는 것이 아니라 콘셉트를 구매하기 때문이다.

마케팅에서 말하는 시장은 우리가 일반적으로 이해하는 '시장(Market place)'이 아니라 소비자들의 마음속이다. 콘셉트는 명쾌하고 간결할수록 으뜸이다. 시장에서 실패한 상품들의 공통점은 복잡한 백화점식 콘셉트를 사용했다. 이것저것이 모두 좋다고 내세우는 것은 좋은 점이 없다는 말과 마찬가지다. 한 가지라도 제대로 된 콘셉트를 강조하는 것이 낫다. 콘셉트가 명확할수록 마케팅 운영 전략도 쉬워진다. 특히 커뮤니케이션을 진행할 때도 콘셉트가 명확한 광고물을 제작할 수 있다. 이처럼 콘셉트를 확정하는 일은 모든 마케팅 업무에 직·간접적으로 영향을 미치고 있다.

두드려라! 그리하면 열릴 것이다.

누구나 신제품을 만들 수 있는 세상이다. 이를 증명하듯 세상에는 이미 풍부한 상품들이 넘쳐나고 있다. 제품을 잘 만드는 것은 기본이다. 중요한 것은 제품의 콘셉트를 어떠한 방법으로 어떻게 팔지에 대한 차별화된 전략이다. 시장을 창출할 수 있다는 관점에서는 마케팅 담당자의 적극적인 의지가 매우 중요하다. 시장에서 히트한 상품의 뒤에는 적극적인 의지를 소유한 담당자가 있었다. 다국적 기업들은 마케팅 재원 없이 신상품을 출시하지 않는 경향이 있다. 경쟁이 치열한 시장에서 콘셉트를 이슈화시키기 위해서는 마케팅 예산이 반드시 필요하다는 것이다. 커뮤니케이션을 통해 사회적으로 이슈화되어야 한다.

히트상품은 고객의 숨겨진 욕구를 발견하는 것이 아니라 고객의 욕구를 창출할 수 있다는 혁신적인 생각을 하는 기업에서 탄생할 가능성이 높다. 혁신적인 기술의 발전이나 신제품 개발은 이러한 기업가들의 도전정신에서 비롯된 것이다.

현대시장의 특징으로 제품을 만드는 원료가 거의 비슷해지고 있는 가운데 생산방식도 대부분이 표준화되고 있다. 제품으로는 업체 간 차별화가 어렵다는 말이다. 설상가상으로 공급과잉에 따라 대부분 시장이 포화상태에 도달해 있다. 따라서 콘셉트의 차별화가 더욱 중요한 문제이다.

시장에서 새로운 콘셉트로 게임의 룰을 지배하려면 브랜드 리더십을 구축해야 한다. 브랜드 리더십이 구축되면 그 룰을 지배할 수 있다. 상품이 리더십을 구축하기 위한 조건도 콘셉트가 명확해야 한다. 시장에서 리더 위치에 있는 회사일수록 시장의 판이 유지되기를 바란다. 반대로 후발회사 입장에서는 시장의 판이 흔들리기를 바란다. 이슈를 만들어 경쟁사를 자신의 싸움터로 유인하는 전략이 필요하다. 후발회사가 선발회사를 유인하는 것은 어렵지만 콘셉트가 명확할수록 파괴력도 크다.

실제로 시장에 후발로 진입했음에도 명확한 콘셉트로 시장을 역전한 사례는 많이 있다. 강력한 1등 브랜드를 제압할 수 있는 가장 좋은 방법은 1등이 간과하고 있는 핵심혜택을 찾아 집요하게 물고 늘어지는 전략이다. 라이벌 관계에 있는 기업이 1등 브랜드를 모방해서는 결코 1등의 아성을 무너뜨릴 수 없다. 동일한 콘셉트로 1등을 공략하는 것은 자멸을 뜻한다.

막강한 1등 브랜드는 결코 하루아침에 만들어진 것이 아니다. 이들을 공략할 수 있는 최선책은 콘셉트를 차별화해서 시장의 싸움터를 옮기는 전략이다. 즉, 1등 브랜드가 견고하게 성을 쌓아왔던 전쟁터는 인정해주고 새로운 전쟁터를 찾아 시장의 주도권을 장악하는 것이다.

무(無)에서 유(有)의 콘셉트를 창출하라

얼마 전까지 낯설었던 제대혈은 어느덧 신세대 임산부들 사이에서 선택이 아닌 필수가 되었다. 제대혈이란 임신기간 동안 엄마가 태아에게 성장에 필요한 모든 세포와 영양소를 공급하는 탯줄혈액을 말한다. 제대혈이 백혈병이나 소아암은 물론 악성혈액 질환 등의 난치병을 치료하는데 효용이 있다고 알려지면서 출산할 때 채혈한 제대혈에서 줄기세포를 분리해 10년 이상 세포의 손상 없이 보관해주는 업체가 급속히 증가하고 있다. 의학기술의 진보와 마케팅이 합작한 결과물로 히트상품은 고객의 욕구를 발견하는 것이 아니라 콘셉트를 창출하는 것이라는 사실을 정확히 입증한 사례다.

제대혈 시장이 혁신적인 의료기술의 진보와 함께 새롭게 창출된 시장이라면, P&G 페브리즈는 공격적인 마케팅으로 국내에서 소취제시장을 개척한 모범적인 사례라 할 수 있다. 페브리즈가 출시될 당시에만 해도 섬유의 냄새를 없앨 수 있게 하는 기술력은 국내 대부분의 생활용품 업체들도 가지고 있었다. 실제로 소취제시장에서 가장 먼저 시장을 개척한 브랜드는 '공기 맑은 집'이었다. 그러나 제품의 포장재 문제로 시장에서 철수한 이후 페브리즈가 섬유소취로 마케팅 콘셉트를 압축해 대대적인 마케팅을 전개한 것이다.

커뮤니케이션 전략도 훌륭했다. 광고의 모범답안이라 할 수 있는 문제 제기를 통한 해결책을 콘셉트로 정확히 제시하여 소비자들의 마음속에 집요하게 파고든 것이다. 시장의 급속한 성장에 다급해진 국내 기업들은 유사상품을 출시하였는데, 이는 오히려 페브리즈가 시장에 성공적으로 정착할 수 있는 도움을 제공했다.

일반적으로 상품개발 전략은 크게 선발전략과 대응전략으로 구분할 수 있다. 기업에 따라 선호하는 전략이 다르다. 기업의 문화나 최고경영자의 스타일이 크게 영향을 미칠 수 있지만 지금은 과거와 다른 격동의 시대다. 과거 수십 년에 걸쳐 일어났던 변화가 불과 몇 년 만에 일어나고 있다. 이러한 변화된 환경에 대처하지 못해 시장에서 도태되거나 사라지는 기업을 자주 목격할 수 있다. 기존시장을 향유하거나 지키기에 몰두하는 것은 몰락을 의미한다. 선발전략이 최상의 방어다. 선발전략은 방어보다 어렵고 인내와 용기를 필요로 하지만 시장을 선점할 경우 기대되는 수익도 막대하다.

승리할 수 없다면 전쟁터를 옮겨라

성숙한 시장에서 1등 브랜드를 정면으로 공략하기를 바라는 기업은 상품의 콘셉트를 차별화해야만 한다. 반대로 1등 브랜드는 경쟁상품의 차별화된 콘셉트에 유의할 필요가 있다. 경쟁사의 차별화된 전략에 휘말리면 한꺼번에 모든 것을 잃을 수 있기 때문이다. 후발회사들은 게임의 룰을 변화시켜 시장지배력을 확보하기 위한 전략으로 시장규모가 크거나 성숙한 시장에서 효과적인 수단으로 활용할 수 있다.

시장에서 1등 브랜드를 제압한 히트상품 대부분은 콘셉트를 획기적으로 차별화한 전략이 있었다. 라이벌기업과 숙명적인 대결을 벌이고 있는 2등 기업이 '열 번 찍어 넘어가지 않는 나무는 없다!'는 철학으로 1등에 비차별화된 상품으로 무모하게 도전하는 것은 자멸을 뜻한다. 과반수의 시장점유율을 확보한 브랜드는 결코 하루아침에 만들어진 것이 아니다.

이들을 공략하기 위한 최선책은 1등 브랜드와 싸워왔던 전쟁터를 버리고 새로운 전쟁터로 싸움을 옮겨 시장의 주도권을 장악하는 것이다. 나무를 쓰러뜨리기 위해서는 도끼로 열 번을 찍을 게 아니라 톱과 같은 새로운 연장을 선택하는 아이디어가 본 전략의 핵심이다. 이를 성공적으로 수행한 대표적인 사례로는 OB맥주와 크라운맥주 대결에서 지하150미터 암반천연수라는 맥주의 본원적 속성인 '깨끗한 물'이란 콘셉트로 맥주시장 1등 브랜드로 등극한 '하이트'와, 삼양라면의 아성을 무너뜨린 '신라면', 그리고 '미풍'을 출시해 패배를 경험한 다음 '고향의 맛'이라는 천연조미료를 콘셉트로 국내 조미료시장을 평정한 제일제당의 '다시다' 등이 있다.

아이러니하게도 본 전략이 성공하기 위한 제2의 후원자는 다름 아닌 경쟁사와 언론이다. 경쟁사를 자신의 전쟁터로 최대한 유인하고, 언론에서 이를 대대적으로 이슈화하도록 분위기가 조성되어야 한다. 하이트맥주 출시 당시 '물은 가려 마시면서 왜 맥주는 가려 마시지 않습니까!' 란 직접적인 콘셉트를 표현한 광고카피는 OB맥주를 자극하기에 충분했고, 지하 150미터 천연암반수의 진실성 여부를 놓고 언론이 가세하면서 하이트맥주가 시장주도권을 확보할 수 있었다. 다급해진 OB맥주는 아이스맥주를 출시하면서 당시 A급 모델인 강수연을 활용해 공격적인 TV광고를 집행하였는데, 그 대응이 오히려 프리미엄 맥주에 대한 시장 전이를 가속화시켰다. 이후 OB라는 브랜드에서 유추한 OB라거를 출시하며 박중훈을 모델로 '맥주는 즐거움!'이란 콘셉트를 추구했지만 이미 하이트가 고객의 마음을 강력하게 선점한 뒤였다. OB는 후발회사의 도전을 이성적으로 대처하지 못해 혹독한 대가를 치러야만 했다.

이에 비해 국내 조미료시장에서는 후발회사의 도전을 의연하게 대처한 사례도 있다. '다시다'를 공략할 목적으로 '맛그린'이란 브랜드가 출시되었다. MSG(monosodium glutamate)의 유해성 논란을 가열시키기 위해 문성근이라는 신뢰성 있는 빅 모델을 앞세워 '맛그린은 MSG를 넣지 않았습니다!'라는 커뮤니케이션을 대대적으로 전개하며 '다시다'를 자극하는 전략을 구사한 것이다.

그러나 '다시다'는 철저하게 무대응 원칙을 고수함으로써 MSG 모호성은 소비자들로부터도 외면당할 수밖에 없었다. 당시 '다시다'가 MSG 논란에 불을 지폈더라면 전체 조미료시장의 타격은 물론 시장주도권도 맛그린에게 넘어갔을 것이다. CJ는 인내의 지혜를 발휘함으로써 슬기롭게 도전자의 공략을 제압할 수 있었다.

파스퇴르는 저온살균공법(섭씨 60도에서 30분간 살균처리 하는 방식)의 우유를 국내 시장에 처음으로 선보이면서 당시 고온살균공법으로 우유를 생산하던 기존업체와 콘셉트를 차별화하며 정면으로 도전장을 던졌다. 이 저온살균 우유의 등장에 대항하기 위해 기존 유가공업체들은 우유 대리점이나 슈퍼마켓 점주들에게 파스퇴르 우유를 받지 못하도록 유통경로를 차단하는 전략을 취했다.

당시 고온살균 공법으로 우유를 생산하던 업체들이 대부분 대기업이라 가능했을 것이다. 이를 돌파하기 위해 파스퇴르는 공격적이고 파격적인 문안으로 소비자에게 직접 호소했다. 격주로 20회에 걸쳐 진행된 신문광고에서 '이 땅에 좋은 우유가 뿌리를 내리고, 우리 회사가 살아남기 위해 부득이 이렇게 할 수밖에 없는 경위'와 '기존 우유를 마시면 해로움이 되는 점까지 있다고 하던데?', '유가공협회로부터 받은 압박, 과연 이런 방법은 정당한 방법이었던가?' 등과 같은 광고 제목으로 소비자를 공략하는 전략은 경쟁사를 자극하기에 충분했다.

또한 파스퇴르의 당당한 광고 역시 소비자들의 관심을 끌기에 충분했다. 우유의 제조공법에 대해 다시 한번 생각하게 하는 계기로 작용한 것이다. 다급해진 경쟁사들은 파스퇴르를 공정거래위원회에 제소하여 골리앗과 다윗으로 일컬어지는 치열한 법정싸움을 시작되었다. 여기에 생산업체와 소비자단체, 정부기관과 언론이 가세하면서 파스퇴르가 원하던 '저온살균' 콘셉트를 대대적으로 이슈화하는 데 성공할 수 있었다. 법정에서는 파스퇴르가 패했지만 시장에서는 승리한 사례로 '서울에서 부자동네 사람들이 마시는 우유'로 이미지가 구축되면서 기록적인 매출을 달성한 것이다. 그 영향으로 결국 경쟁사들도 저온살균법으로 우유를 생산하기 시작했다.

신라면은 농심이 삼양라면을 제압하고 시장점유율에서 1위를 차지할 수 있었던 중요한 1등 공신이다. 농심라면과 삼양라면이라는 기업브랜드의 대결구도에서 농심은 '매운맛'이라는 새로운 영역으로 콘셉트를 발굴해 전쟁터를 옮겼다. '믿을 수 있는 식품'이라는 슬로건을 만들어 개별브랜드를 지원함으로써 시장주도권을 장악한 것이다. 그러나 농심은 '신라면 블랙'이라는 프리미엄 상품을 출시해 실패를 맛봤다. 공정거래위원회로부터 "설렁탕 한 그릇의 영양을 그대로 담았다."는 광고가 허위로 밝혀져 과징금이 부과된 것이다. 서민경제에 지대한 영향을 미치는 라면의 가격설정은 신중했어야 한다. 마케팅 관점에서도 소비자들이 라면에 가지고 있는 일반적인 상식을 넘은 '건강에 좋은 라면'이라는 콘셉트에도 문제가 있다. 라면은 간편하게 먹을 수 있는 음식이지 건강에 좋은 것은 아니라는 사실을 간과하고 이상적인 콘셉트를 설정한 것이다. 이와 달리 삼양라면은 라면의 원조라는 커뮤니케이션으로 광고를 운영하면서 호감을 얻고 있다. 시장에서 경쟁사의 불운이 자사에는 기회로 작용할 수도 있다.

STP를 정조준하라

마케팅에서 전략의 핵심을 이루는 동시에 설계도에 해당하는 수단이 STP이다. 신제품을 개발하거나 브랜드전략을 수립하고, 프로모션을 기획할 때도 STP는 반드시 전략적으로 검토해야만 한다. 모든 마케팅 업무는 독립적으로 존재하는 것이 아니라 서로 유기적으로 연결되어 있는데 STP가 특히 그렇다.

STP전략은 마케팅 전반에서 고려될 핵심적인 이슈로 전략의 시발점이 되어야 한다. 마케팅전략의 체계는 고객이나 경쟁사 분석을 통해 시사점과 전략 방향이 도출되고, 이를 통해 마케팅 믹스가 운영된다. 전략 방향을 확정하는 STP는 시장세분화(Segmentation)를 말하는 S와 표적시장(Targeting)의 T, 포지셔닝(Positioning)을 일컫는 P라는 이니셜을 묶어 STP라 부르고 있다.

마케팅 전략을 수립할 때 가장 보편적으로 활용되고 있는 STP
는 한 몸으로 움직이는 특성이 있고, 마케팅 전략의 설계도라
불릴 만큼 중요한 수단이다.

현업에서 마케팅을 진행하는 사람들은 항상 바쁘다. 신제품
을 기획하고, 기존제품에 대한 시장점유율도 지켜내야만 한다.
협력업체나 파트너를 수시로 만나면서 해외출장도 다녀와야 한
다. 설상가상으로 상사들은 보고서가 늦는다며 아우성이다. 이
렇게 숲에서 정신없이 뛰다 보면 마케팅 전략에 해당하는 산맥
은 보이지 않고 오직 나무만 보이는 경우가 많다. 그러다 보면
길을 잃기 쉽다. 큰 그림이야 마케팅 본부장의 몫이겠지만 마
케터가 주도적으로 계획을 수립할 필요가 있다. 그렇지 않으면
결정적인 곳에서 경쟁사로부터 일격을 당할 수 있다. 책임은 대
부분 고스란히 마케터에게 돌아가는데, 경우에 따라서는 회복
할 수 없는 곳으로 추락할 수도 있다. 즉, 고객의 기억에서 완전
히 사라지는 것이다. 이를 예방하려면 STP를 지속적으로 점검
하면서 자신이 처한 브랜드의 위치를 수시로 확인할 필요가 있
다.

마케팅 전략의 설계도

시장은 성숙할수록 쪼개지게 되어 있다. 반대로 콘셉트가
하나로 뭉치는 경우도 있지만, 대부분 시장은 극심하게 세분된
다. 과거 100인 1색 시대에서 1인 100색 시대로 고객의 욕구가
다양화되기 때문이다. 시장세분화란 특정한 변수를 설정해 시

장기회를 탐색해 나가는 방법이다. 주로 사용되는 변수는 인구통계학적인 요소로 성별이나 나이, 학력, 종교를 비롯해 지역이나 유통, 가격 등으로 시장을 구분해 나간다. 시장은 항상 변하기 때문에 추적관리가 필요하고, 시장규모가 클수록 다양하게 세분되는 특징을 가지고 있다. 일반적으로 시장의 규모가 커지면서 경쟁자 수가 늘어나고, 업체별로 틈새시장을 공략하면서 출혈경쟁이 전개된다.

전 세계적으로 시장 세분이 가장 극심한 나라는 단연 일본이다. '과연 저런 물건이 팔릴까?'라는 의구심이 들 정도로 틈새 상품이 넘쳐난다. 축소지향의 문화를 지향하는 그들은 소비자의 섬세한 바람까지 상용화하면서 니치마켓(niche market)을 선도하고 있다. 국내 마케터들이 신제품 아이디어를 얻으려고 일본에 자주 가는 것도 이러한 이유 때문이다. 그들은 공장의 생산설비를 소품종 대량생산에서 다품종 소량생산 체제로 이미 설비가 구축되어 있다.

누구나 히트상품을 개발하기 원하지만 성공률이 3할을 넘기가 어렵다. 다양한 이유가 있겠으나 차별화된 콘셉트로 시장을 세분하기 어렵기 때문이다. 히트상품이 되려면 브랜드 콘셉트나 커뮤니케이션, 유통, 영업력 등이 확실하게 맞아떨어져야 하는데 이를 위해서는 치밀한 STP기획이 선행되어야 한다. 다양한 차원으로 시장을 쪼개면서 분석하되 반드시 명심할 점이 있다.

첫째, 시장은 고객의 관점에서 세분되어야 한다. 마케터가 책상머리에서 시장을 세분하다 보면 스스로 심취되어 '세분화를 위한 세분화'와 같은 탁상공론을 하게 된다. 고객과는 '동상이몽(同床異夢)' 하는 매우 위험한 발상으로, 편견을 버리고 객관적 시각에서 경쟁사를 고려해 시장을 수립하고 소비자 검증을 거친 다음 실행으로 옮겨져야 한다.

둘째, '얼마나 팔릴 수 있을까?'라는 문제로 될 수 있으면 잠재적 시장규모가 클수록 좋다. 과학적인 수요예측 기법은 어렵겠지만, 세분된 시장에 진입했을 때 기대되는 매출액과 손익에 대한 검증은 반드시 필요하다. 콘셉트는 명확하게 세분되었음에도 매출이 따라주지 않아 퇴출당하는 상품도 자주 목격되기 때문이다. 시장세분화를 통해 경쟁 제품과 콘셉트를 차별화하여 설계해야 한다. 경쟁사가 보유한 약점을 정면으로 이슈화시키는 것도 방법이다. 이를 간과하면 신제품이 오히려 자기 회사 매출을 잠식하는 사태가 일어날 수 있다. 단, 시장의 규모를 크게 잡으면 역량이 흐트러질 수 있지만 초점을 좁힐수록 명쾌해진다.

셋째, 세분된 시장을 공략하기 위한 마케팅 재원과 역량이 뒷받침되느냐는 문제이다. 한정된 재원하에 효율의 극대화라는 기본적인 마케팅 명제가 여기서도 적용된다. 시장의 크기가 매력적이라고 판단된다면 사전에 충분한 마케팅 예산을 확보해야 한다. 공격적인 커뮤니케이션으로 경쟁사를 세분된 시장으로 끌어들일 수 있다면 이미 절반은 성공한 전략으로 볼 수 있다. 경쟁사가 조바심을 낼수록 시장 전이는 빨라질 수 있고 이것은 전체시장을 크게 흔들면서 시장점유율을 잠식할 수 있는 강력한 촉매제로 작용할 수 있다.

아무리 마음을 비우고 시장을 분해하고 쪼개어 봐도 길이 보이지 않을 때가 있다. 이를 해결할 방법으로 전혀 관련이 없는 다른 카테고리의 벤치마킹을 제안한다. 업종을 불문하고 모든 시장에는 공통점이 있다. '타산지석(他山之石)'의 자세로 다른 시장을 면밀히 분석하다 보면 실마리를 찾을 수 있을지도 모른다. 모든 시장은 카테고리를 불문하고 소비자라는 공통분모가 존재한다. 자신이 스스로 간과하고 있는 중요한 세분화 변수가 다른 카테고리에서는 쉽게 찾아질 수도 있다. 마케터가 폭 넓은 시야를 형성하는 과정에서 경계해야 할 점이 있다면 자신의 분야에서 우물 안 개구리가 되는 것이다.

시장세분화 사례에서 가장 많이 이용되고 있는 카테고리 중 하나가 국내 자동차시장이다. 자동차의 일반적인 속성인 안전성과 성능 그리고 가격이나 스타일(디자인) 등의 변수를 X와 Y축으로 규정해 각 브랜드를 해당 지점에 위치시킨 도표를 많이 접했을 것이다. 치약이나 패션의류를 비롯한 화장품 등의 분야에서 가격이나 추구하는 혜택 등의 사례도 익숙할 것이다. 이외에도 각종 인터넷 사이트나 마케팅 교재에서도 시장세분화 사례를 찾아볼 수 있다. 시장세분화 도표를 볼 때 주의할 점은 시장을 구성하고 있는 경쟁사의 신제품 출시나 거시적인 환경변수의 변화로 소비자들의 욕구가 변화하면서 세분 시장도 계속 변화한다는 점이다.

타겟을 정확하게 설정하라

시장세분화와 함께 목표시장을 확정하는 것을 타겟팅(Targeting)이라고 한다. 여기서는 고객과 경쟁사 그리고 자사 역량을 동시에 고려해야 한다. 이들은 마케팅 전반에 걸쳐 'S' 또는 'T', 'P'를 개별적으로 구분하지 말고 통합적으로 고려하는 것이 좋다. 시장세분화와 포지셔닝, 타겟팅이라는 3박자가 동시에 맞아떨어진다면 시장에서의 파괴력은 실로 엄청날 수 있다. 시장에서 히트한 상품의 공통점도 여기서 찾을 수 있다.

시장세분화전략을 수립한 다음에 표적시장을 설정하는 것이 타겟팅 전략이다. 타겟팅 전략을 수립할 때는 고객과 경쟁사, 채널을 고려해 수립해야 한다. 핵심고객을 대상으로 어떻게 판매할지를 경쟁사 제품과 차별화해야 한다. 유통경로가 다양해지고 있는 상황에서 채널은 소비자와 신제품이 만나는 고객 접점이라는 특별한 의미가 있다. 유통경로의 구성원들만을 대상으로 상품을 출시하거나 특정한 유통만으로 상품을 유통해 차별화할 수도 있다.

타겟을 설정할 때는 자사가 이미 보유한 기존제품과의 차별화된 전략이 필요하다. 이를 간과하면 동일한 카테고리에서 출시된 자사의 신제품이 다른 회사의 매출을 획득하는 것이 아니라 자사의 다른 상품의 매출을 잠식하는 딜레마에 빠질 수 있다. 이러한 자기 잠식을 예방하기 위해서는 경쟁사 제품과의 차별화도 중요하지만 자사상품과의 차별화도 반드시 고려해야 한다. 전사적 관점에서 제품이 추구하는 타겟이나 콘셉트를 연령이나 유통경로 별로 차별화해 운영할 필요가 있다. 브랜드 포트폴리오 전략을 수립해 운영하는 것이 좋다.

타겟고객을 설정하는 전략 방향은 크게 세 가지로 구분할 수 있다. 첫째, 대중고객을 상대로 하는 무차별 마케팅으로 주로 생활용품이나 필수품 등의 저관여 상품에 적합할 수 있다. 여기서는 소비자층의 구분을 무시하고 단일제품을 전 소비자층에게 커뮤니케이션 하는 전략으로 매스마케팅의 전형이라 할 수 있다. 둘째, 차별적인 마케팅으로 고객이나 신제품 콘셉트를 특정한 시장에 초점을 맞추는 전략으로 현재 타겟 마케팅을 추구하고 있는 대부분의 신제품이 여기에 해당한다. 셋째, 초점을 더욱 좁힌 집중 마케팅으로 하나의 특정한 소비자층을 겨냥해 그들만을 집중적으로 공략하는 방법이다. 주로 니치마켓을 공략하는 상품에 적합한 전략이다.

기업의 표적고객 설정은 마케팅 전략의 전반에 크게 영향을 미칠 수 있으며, 특히 커뮤니케이션 전략과 긴밀한 관계가 있다. 표적고객을 설정할 때는 1차 고객과 2차 고객으로 구분하는 것이 좋다. 예를 들어 여대생을 1차 표적고객으로 한 화장품을 출시해 커뮤니케이션을 강화하면 여대생은 물론 2차 고객으로 직장인 여성과 성숙한 여고생이 상품을 선호하는 경향을 볼 수 있다.

한국문화를 고려해 표적시장의 기회를 탐색하는 것도 상당히 의미 있는 일이다. 세계적인 핵가족화 추세에서 우리나라의 저출산율은 세계 1위 수준이다. 하나밖에 없는 사랑하는 아이에게 모든 걸 해줄 수 있다는 정서에서 마케팅 기회를 포착할 수 있다. 또한 우리나라 사람들은 세계 최고의 학구열을 지닌 민족이다. 수험생과 관련된 상품이나 3백만 명의 대학생을 겨냥한 상품의 잠재적인 시장기회는 매력적이다.

우리나라 인구통계학적 변수에서 주목할 점은 인구구성비의 변화이다. 출산율이 저하됨에 따라 선진국형으로 역삼각형으로 노년층이 급증하고 있다. 여성들의 사회활동이 늘어나면서 경제권을 소유한 것도 주목할 대상이다. 그동안 소외 시 되어오던 여성이 핵심적인 구매집단으로 부상하면서 여성전용 주차장이나 VIP룸, 메이크업룸, 여성용 담배, 여성전용 포털사이트 등이 등장한 것이다. 국내에 근로 여성은 약 1,000만 명에 달하고 있고 주부가 직접 가계예산을 관리하는 비율도 전체의 과반수를 차지하고 있다.

시장세분화를 통해 표적고객을 선정할 때 고려할 대상은 경쟁제품이 시장에서 차지하는 위치와 채널전략이다. 마케팅에서 이들은 아주 특별한 경우를 제외하고 분석대상이다. 성숙한 시장일수록 제로섬 게임이 심화하고 자사의 시장점유율 확보는 곧 경쟁사의 시장점유율 하락을 의미하기 때문에 서로의 목적은 상충될 수밖에 없다. 그렇다고 경쟁사를 적대시하는 것만도 옳은 일은 아니다. 발상을 바꿔 생각하면 다양한 분야에서 협력할 기회가 발굴될 수도 있다. 실제로 직·간접적으로 경쟁 관계에 놓여 있는 업체 사이에 전략적 제휴나 파트너십을 형성해 적과 동침도 불사하는 공동마케팅이 경영일선에서 활발히 진행되고 있다. 그럼에도 표적시장을 설정할 때 고려되어야 할 요소는 경쟁자의 수와 경쟁제품의 브랜드파워, 표적시장의 크기 등이다. 카테고리 내의 경쟁강도는 신제품 시장기회를 탐색할 때 매우 신중하게 다루어야 한다.

표적시장 설정 시 자사의 역량분석도 매우 중요한 사항이다. 동일한 카테고리를 다수의 브랜드로 공략하고자 할 때 브랜드에 대한 선택과 집중이 반드시 이루어져야 한다. 특히 시장에서 기업파워가 서로 대등하면 각별히 유념할 대목이다. 신제품을 출시할 때 객관적인 관점에서 자사의 마케팅 역량과 시장 위치, 그리고 기존제품과의 콘셉트의 동일성을 반드시 고려해야 한다. 이를 통해 지금까지 설명한 각각의 표적시장 변수를 종합적으로 고려한 최종적인 표적시장 도출이 이루어져야 한다.

마케팅은 제품이 아니라 인식의 싸움

포지셔닝이란 고객의 머릿속에 상품을 마케터가 원하는 방향으로 위치시키는 전략을 말한다. 여기서 핵심은 '무엇'을 고객의 머릿속에 각인시킬지에 대한 단어의 선택이다. 경쟁사가 모방할 수 없는 강력한 메시지를 명쾌하게 전달할수록 효과적이다. 상품의 콘셉트나 속성과 연계되면서 타겟을 정조준할 수 있는 단어가 좋다. 이후 일관된 커뮤니케이션전략을 통해 고객의 마음을 집요하게 공략하는 전략이 뒤따라야 한다.

성공적인 포지셔닝 전략의 출발점은 브랜드가 보유한 다양한 속성 중에서 대표적인 '키워드'를 설정해야만 한다. 브랜드에 따라 2~4번째 속성도 나름대로 중요하겠지만, 첫 번째로 중요한 혜택만이라도 제대로 파고드는 것이 포지셔닝 전략의 핵심이다. 시장은 끊임없이 진화하고, 고객의 마음도 지속해서 요동치기 때문에 지속적인 추적관리가 요구된다.

포지셔닝이란 개념은 1972년 잭 트로우트(Jack Trout)가 도입한 이후 브랜드관리에서 필수적으로 활용하고 있다. 쉽게 말해 소비자에게 자사 브랜드에 대한 핵심적 혜택이 뭐냐고 물었을 때 대답으로 나오는 단어가 포지셔닝의 결과물이다.

성공적으로 포지셔닝을 구축하는 방안으로는 첫째, 다양한 혜택을 내세우는 것이 아니라 소비자 마음속에 심고자 하는 뚜렷한 한 단어를 선정해야 한다. 이처럼 마케팅에서 포지셔닝이 STP의 한 축을 형성하는 것은 시장이란 개념이 바로 소비자의 마음속이기 때문이다.

둘째, 포지셔닝은 기억하기 쉬운 단순한 메시지로 명쾌하게 떨어질수록 효과적이다. 이러한 명쾌한 포지셔닝 키워드를 찾기 위해서는 먼저 콘셉트가 명확해야 한다. 제품의 콘셉트와 브랜드 네임이 연계될 때 시너지를 창출할 수 있다. 제품의 콘셉트를 브랜드로 소비자와 커뮤니케이션하는 과정에서 소비자 마음속에 형성하고자 하는 단어가 포지셔닝 전략의 핵심이다. 포지셔닝 전략에서 가장 중요한 것은 이러한 한 단어를 무엇으로 설정하느냐는 문제다.

시장이 변화하는 속성으로 소비자 마음속에 자리한 포지셔닝도 대외적인 마케팅 환경에 따라 유동적이다. '제품의 싸움이 아니라 인식의 싸움'이라는 말에도 포지셔닝의 의미가 함축되어 있다. 우리나라 사람들은 브랜드에 대한 선입관이 유달리 강한 나라이다. 삼성이나 LG 등의 대기업브랜드로 우리나라에서 어떠한 영역으로든 사업 다각화를 추진한다 할지라도 성공 확률이 높다고 할 수 있다. 샤넬이나 페라가모 등의 명품에 대한 선호는 얼마나 강한가? 이는 외형을 중시하는 우리나라 사람의 성향에서 비롯된 것이다. 2002년 한·일 월드컵 당시 우리나라는 월드컵 명분상 개회식을 서울에서 치르기를 선택했고, 일본은 실속 있는 결승전을 선택한 것도 이와 무관하지 않을 것이다.

브랜드 마케팅으로 승부하라

마케팅에서 끊임없이 제기되고 있는 또 다른 이슈는 브랜드다. 단순히 상품의 이름을 지칭하던 과거와 달리 현대경영에서 브랜드가 화두로 떠오른 이유는 간단하다. 브랜드파워에 따라 매출액이 달라지기 때문이다.

공장에서 제품(Product)을 만든다면 소비자들의 마음속에서는 브랜드(Brand)가 만들어진다. 소비자는 제품을 구매하는 게 아니라 문제 해결 방법을 구매한다. 제품 자체에 살아있는 영혼(Sprit)과 가치(Value)가 부여된 것이 브랜드인 것이다.

제품과 브랜드는 엄청난 차이가 있다. 소비자 입장에서 브랜드는 다른 제품과 차별화된 방법으로 문제를 해결해주는 수단이다. 마케팅에서 수행하는 모든 활동이 소비자를 만족하게 하기 위한 활동으로 요약된다면 브랜드 로열티가 핵심임을 알 수 있다. 브랜드는 모든 마케팅 활동의 결정체인 것이다.

브랜드는 마케팅의 결정체이다

브랜드는 제품보다 소비자에게 진일보된 개념이다. 기업은 경쟁적인 시장 환경에서 브랜드를 통해 고객과 커뮤니케이션을 수행하고 있다. 이러한 이유에서 브랜드는 마케팅과 마찬가지로 정체된 이미지가 아닌 동적인 개념으로 이해하는 것이 타당하다. 브랜드도 사람과 마찬가지로 시간이 지날수록 연로해지므로 수명주기에 따라 적절한 관리가 이루어져야 한다. 새로운 브랜드는 시장에 도입되어 성장하는 과정을 거쳐 성숙한 다음 시장에서 사라지는 수명주기를 가지고 있다. 각각의 단계마다 각별한 관심과 보살핌이 이루어지지 않는다면 브랜드는 단명할 수밖에 없다.

이를 성공적으로 극복한 사례로 동아제약의 '박카스'가 있다. 시간이 지남에 따라 봇물 터지듯 유사상품의 출시가 이루어졌고 박카스는 산업현장에서 노동자들의 피로회복제로 전락하고 있었다. 이를 예방할 목적으로 동아제약은 젊은 대학생을 모델로 활용해 범국민적인 캠페인을 전개하여 박카스를 젊은 이미지로 탈바꿈 하는 데 성공했다. 이처럼 브랜드는 출시할 당시에 성공적으로 이미지를 구축했을지라도 시간이 지나면서 사람들의 마음속에서 끊임없이 변하는 속성이 있다. 주로 장수 브랜드가 공통으로 안고 있는 과제이다.

국내 건설업계에서도 브랜드 전쟁이 진행되고 있다. 과거 아파트는 평수나 지리적인 위치에 따라 일률적으로 가격이 설정되어 거래되었다. 하지만 언제부턴가 아파트 가격이 브랜드에 따라 같은 위치에도 수억 원의 차이가 발생하고 있다. 이것이 바로 브랜드의 힘이다.

대체로 소비자들에게 익숙한 아파트 브랜드로는 'e-편한세상(대림산업)' '래미안(삼성물산)' 등으로 이들이 가장 먼저 주택시장에서 아파트 브랜드를 도입한 이후 '푸르지오(대우아파트)' '자이(LG건설)' '더샵(포스코건설)' '위브(두산건설)'를 비롯한 중견 건설업체까지 아파트 브랜드를 도입하고 있다. 과거 건설사의 이름이 아파트의 품질을 대변하던 시대에서 별도 브랜드에 의한 이미지 마케팅이 가속화된 것이다. 이러한 현상은 업종을 불문하고 국내산업 전반에 걸쳐 전개되고 있다.

브랜드파워가 매출을 좌우한다

브랜드에 대한 어원은 BC 7세기경 고대 그리스 상인들이 항아리에 부착한 특별한 표식에서 비롯되었다고 전해진다. 이후 고대 노르웨이 언어인 'Brandr(불로 새겨지다)'에서 파생되었다는 설과 16세기 초 영국 위스키 제조업자들이 위스키 나무통에 인두를 찍는다는 의미인 영어 'burned'에서 유래되었다는 설이 제기되고 있다. 당시에도 브랜드의 기본적인 기능은 자사상품과 타사상품을 구별하기 위한 표식으로, 지금과 근본적으로는 속성이 동일하다. 이후 산업혁명을 통해 브랜드는 체계적으로 발전하게 되었다.

브랜드가 기업에 중요해지고 있는 이유는 브랜드파워가 돈(수익)과 직결되기 때문이다. 과거에 기업의 자산가치를 말할 때는 보편적으로 부동산이나 생산설비 등이 거론되었지만 지금은 브랜드 로열티가 1순위로 언급되고 있다. IMF 구제금융 당시 한국 존슨이 삼성제약의 '에프킬라' 브랜드를 약 390억 원에 매입하면서부터 국내 기업들은 브랜드 로열티에 대한 중요성을 피부로 체감하게 되었다. 즉, 기업은 파산해도 1등 브랜드는 시장에서 사라지지 않는다는 사실을 체감한 것이다. 이러한 영향으로 기업들이 마케팅 역량을 브랜드관리에 초점을 맞추어 브랜드경영이 본격적으로 전개되었다. 최악에는, 기업이 위기 상황에 봉착했을 때 자신이 소유한 브랜드를 처분함으로써 다시 도약할 수 있다는 사실을 인식한 것이다.

브랜드란 소비자로 하여금 판매자 또는 판매자 집단의 제품이나 서비스를 식별하고 경쟁자의 제품이나 서비스를 구별하도록 의도된 기업의 이름이나 용어, 기호, 심볼 디자인의 조합이다. 브랜드는 상표 자체만을 의미하지 않는다. 브랜드를 구성하고 있는 기호나 심볼, 디자인, 컬러 등을 포함한 총체적인 개념으로 이해해야만 한다. 특히 유의할 점은 막강한 브랜드 로열티는 결코 하루아침에 만들어 질 수 없으므로 장기적인 관점에서 브랜드를 관리해야 하고, 브랜드가 지닌 콘셉트 이외에도 브랜드 편익이나 아이덴티티(Identity), 연상(Association), 이미지(Image) 등에서도 일관성을 유지해야만 한다.

마케팅과 브랜딩은 서로 떼려야 뗄 수 없는 수어지교(水魚之交) 관계다. 그만큼 대등한 개념으로 우열을 논하기 어렵다. 마케팅의 최종목표는 브랜드 로열티 강화에 있다. 마케팅의 총체적인 노력이 결집한 브랜드파워가 시장에서 해당 브랜드의 매출액과 손익, 시장점유율을 결정한다. 다시 한 번 강조하지만, 소비자가 시장에서 구입하는 것은 제품이 아니라 문제 해결 방법을 제시하는 브랜드라는 사실이다.

전략적인 브랜드 로열티 관리

기업의 유무형의 자산에서 가장 막대한 가치를 가지고 있는 '브랜드 로열티(Brand Loyalty)'에 대한 전략적인 관리는 아무리 강조해도 지나치지 않는다. 브랜드 로열티는 모든 마케팅활동이 녹아 들어간 결정체이기 때문이다. 극단적으로 기업은 망해도 강력한 브랜드 파워를 가진 브랜드는 생존할 수 있다는 사실은 브랜드 로열티가 기업에 얼마나 중요한 존재인지 깨닫게 해준다.

미래에는 기업의 자산규모나 기업의 경쟁력은 브랜드 로열티를 직접 산정해서 장부가치에 반영하는 과정을 통해 순위가 결정될 것이다. 실제로 유럽의 일부 기업들은 브랜드 로열티를 장부가치에 반영하고 있다. 브랜드 관련 조사기관에서 브랜드 로열티를 지표화하여 해마다 결과치를 발표해오고 있지만 조사시점이나 응답자들의 특성, 조사방법에 따라 결과치가 달라질 수 있다.

브랜드 로열티에 가장 큰 영향을 미치는 결정인자는 소비자들의 포지셔닝이다. 만일 "국내 중형자동차 중에서 가장 먼저 떠오르는 상표는 무엇입니까?"라는 질문을 소비자에게 던졌을 때 그들의 기억 속에 인지되어 응답하는 브랜드일수록 브랜드 파워가 크다고 할 수 있다. 이러한 이유에서 시장에 먼저 진입하는 것도 중요하지만, 소비자들의 마음속에 먼저 들어가는 것이 더 중요하다는 말이 통용된다. 브랜드 로열티는 소비자들의 마음속에서 만들어지는 것이다.

우리나라에서 외국과 같이 100년 브랜드가 탄생하지 못하는 것은 마케팅 역사가 짧은 이유도 있지만 브랜드가 손에 뚜렷하게 잡히지 않는 개념이기 때문이다. 시중에는 브랜드관리에 대한 서적이 범람하고 있지만 실무에 크게 도움이 되지 않는다. 전략적인 브랜드관리를 실현하기 위해서는 첫째, 기존 브랜드에 대한 체계적인 관리가 이루어져야 한다. 일반적으로 기업들은 기존 상품의 브랜드를 관리하기보다 신규 브랜드를 개발하거나 사업 다각화를 선호하는 경향이 있다. 매출액 확대를 위해서는 기존 제품을 프로모션 하는 것보다 신상품을 출시하기가 쉽기 때문이다. 하지만 기존 브랜드에 대한 디자인이나 외관, 그래픽 등의 이미지를 체계적으로 재설정하는 것이 우선이다.

둘째, 브랜드 로열티를 강화하는 데 필요한 마케팅 재원의 선투자에 대한 불신이 강하다. 막강한 브랜드 파워는 단기간에 이룰 수 없으므로 브랜드파워를 위한 선투자에 경영진의 불신감이 높은 것은 당연하다. 단기적으로 성과를 평가받아야만 하는 전문경영인 체제의 회사에서 구조적으로 안고 있는 문제점이다. 이를 개선하기 위해서는 자사의 환경에 부합된 브랜드 관리 지표를 개발하고, 전문경영인에게도 브랜드와 관련된 지수를 목표로 설정해 장기적인 관점에서 브랜드를 관리해 나가야 한다.

셋째, 적당한 이름으로 작명하는 순간 브랜드관리는 이미 실패를 의미한다. 다시 말해 브랜드에 대한 체계적인 인식이 부족해 적당한 이름으로 상품을 출시하는 기업은 이미 실패한 것이나 마찬가지다. 브랜드를 작명하는 원칙에 충실한 이름으로 신상품을 개발해야만 한다. 이것은 마케팅 담당자의 선택이 아니라 의무이다.

넷째, 집중과 선택에 의한 브랜드의 포트폴리오 전략의 부재를 지적하지 않을 수 없다. 기업 브랜드 하에 다수의 개별브랜드를 운영하는 기업에서 포트폴리오 전략은 특히 중요하다. 그럼에도 전략에 따라 광고예산을 할당하기보다 이해관계에 따라 조직이나 팀에게 일정한 비율의 예산을 할당하는 경우도 있다. 매체 비용은 올라가고 매체 효과는 떨어지는 이중고 상황에서 전략적인 예산의 포트폴리오는 매우 중요한 사항이다.

대부분 기업은 스타 브랜드에서 거둔 성과를 다른 브랜드나 신규 사업에 투자하는 경향이 있다. 당연하겠지만 자칫 스타 브랜드 자체를 간과해 브랜드 로열티를 상실하는 것을 경계해야 한다. 한번 잃어버린 브랜드파워는 소 잃고 외양간을 고치는

격이 될 수 있다.

효과적인 패밀리브랜드(Family Brand) 전략

마케팅 재원은 한정되어 있다. 이러한 상황에서 최적의 효율성을 위한 전략은 패밀리브랜드를 운용하는 전략이다. 패밀리브랜드 전략은 크게 두 가지 관점에서 탄생할 수 있다.

첫째, 단일 카테고리에서 특별하게 성공을 거둔 브랜드를 콘셉트가 유사한 영역으로 확장시켜 하나의 상품군을 이루는 형태로 옥시의 '하마'가 대표적인 사례라 할 수 있다. 옥시는 국내 제습제 시장에서 '물먹는 하마'라는 이색적인 브랜드를 출시해 성공한 이후에 동일한 상표로 냉장고 소취제와 옷장용 방충제, 유리 세정제 등의 카테고리에 '하마'라는 동일한 상표를 활용했다. 별도의 마케팅 투자 없이 생활용품 시장에서 '하마'라는 캐릭터로 독보적인 패밀리브랜드를 성공적으로 구축한 것이다.

둘째, 시장에 진입하기 전에 카테고리 영역을 규정해 놓고 패밀리브랜드를 개발하는 전략이다. 모(母) 브랜드에 대한 이름과 심볼, 캐릭터 등의 BI(Brand Identity) 전략을 확정한 다음 처음부터 끝까지 브랜드의 일관성을 가져가는 전략으로 대표적인 사례는 대상의 '청정원'을 예시할 수 있다. 청정원은 식품시장에서 성공적으로 포지셔닝을 구축한 패밀리브랜드로, 출시 당시부터 패밀리브랜드 광고에 마케팅 예산을 투자하면서 이미지 강화에 힘을 쏟았다. 동시에 개별 상품에 대해서도 선택적으로 광고를 집행함으로써 시너지 효과를 창출하고 있다. 패밀리브랜드를 운영하는 가장 큰 목적은 강력한 모(母) 브랜드하에서 각각 자(子) 브랜드를 운영함으로써 한정된 재원으로 전체 브랜드에 대한 후광효과를 창출하기 위해서다. 다만 하나의 상품이미지가 나쁘게 형성되면 전체 브랜드에 부정적인 이미지가 확산될 수 있는 단점이 있다.

패밀리브랜드와는 달리 상품 하나에 개별적으로 브랜드를 운영하는 전략을 개별브랜드(Individual)라고 부른다. 기업에서 가장 보편적으로 활용되고 있는 전략으로 해당 제품에 단독으로 광고비를 투자할 수 있는 시장규모가 기대되는 상품에 유효하다. 개별 브랜드에 막강한 브랜드파워가 구축되면 실무자들은 브랜드확장이라는 유혹에 빠지는데, 콘셉트가 다른 영역에 무리하게 유명 브랜드를 확장하다가 실패하는 때도 있다.

브랜드관리에서 기업이 신중하게 검토해야 할 부분이 있다. 회사의 이름이나 상호를 개별브랜드와 전략적으로 어떻게 연계시킬지에 대한 방향이다. 기업의 상호를 상품이나 상표로 활용하는 것을 기업 브랜드(Corporate Brand)라고 부른다. 기업규모가 작거나 특정한 상품군에 집중된 경우에 효율적인 전략으로 문구류를 제조하는 사업자나 패션의류 상품에서의 브랜드, 특정 식품류를 생산하는 업체에서 활용되고 있다. 별도의 브랜드를 개발하는데 드는 비용을 절감하고 일관된 디자인이나 이미지를 손쉽게 전달할 수 있다.

이와 유사한 전략으로 기업의 상호와 개별 브랜드를 혼합해 사용하는 공동브랜드(Co - Brand)도 신중하게 검토할 필요가 있다. 개별브랜드와 기업의 상호를 적절하게 믹스하는 형태로 대부분은 기업의 이미지가 좋은 경우에 효과적인 전략이다. 기업의 브랜드가 너무 강력하면 개별브랜드에 대한 이미지를 구축하기 어렵다는 단점도 있다. 예를 들어 '삼성센스Q'라는 노트북은 삼성이라는 기업브랜드 파워가 너무 강해 '센스Q'라는 개별적인 이미지가 구체적으로 무엇을 말하는지 소비자에 대한 교육이 어렵다는 말이다.

브랜드역사를 체계적으로 기록하라

브랜드에 대해 체계적이고 일관된 마케팅을 수행하기 위해서는 브랜드 출시에서 현재까지를 기록한 역사서가 필요하다. 브랜드에 대한 모든 마케팅 활동을 체계적으로 기술한 역사서가 바로 '브랜드매뉴얼(Brand Manual)'이다. 브랜드매뉴얼은 브랜드에 대한 전략과 경쟁사에 대한 정보가 총망라된 지침서이다. 브랜드 로열티를 체계적으로 관리할 수 있도록 문서로 만들어진 마케팅 자산인 것이다.

국내 기업들은 브랜드에 대해 분산된 자료는 다량으로 가지고 있지만 체계적인 브랜드매뉴얼을 보유하고 있는 곳은 드물다. 선진국의 다국적 기업들과 비교할 때 문서로 만들어진 브랜드관리가 중요한 이유는 너무도 명백하다. 그것은 우리가 지나간 과거의 역사를 통해 미래를 더욱 풍요롭게 설계할 수 있는 것과 마찬가지로, 브랜드의 역사를 통해 미래 브랜드전략을 일관성 있게 추진하기 위해서다.

마케팅 현장에서 브랜드매뉴얼이 필요한 이유는 다음과 같다. 첫째, 의사결정이 연속인 상황에서 합리적인 의사결정을 위한 지침서로 활용할 수 있기 때문이다. 강조해왔듯이 브랜드는 기업이 가진 무형 자산가치 1호다. 이를 체계적으로 기록한 역사서는 복잡한 환경에서 과학적인 마케팅 의사결정에 큰 도움을 줄 수 있다. 즉, 일관된 브랜드정책을 운영하는 데 있어 매우 효과적인 지침서인 것이다.

　　둘째, 마케팅 담당자의 이직이나 퇴사에 따른 업무 공백을 최소화하기 위해서다. 마케팅 부서는 업무 특성상 다른 직종에 비해 이직과 이동이 심한 편이다. 해당 브랜드에 대해 가장 많이 알고 있는 담당자가 이직하면 머릿속에 내장된 브랜드역사를 모두 잃어버릴 수 있다. 기업에 귀속되는 것은 사람이 아니라 담당자가 수행한 업무실적으로 브랜드에 녹아 들어가 있는 과거의 마케팅 활동이다.

　　셋째, 브랜드매뉴얼을 통해 전사적인 통합마케팅이 가능하다. 기업의 힘은 조직 간 시너지로 창출된다. 디자인부서를 비롯해 브랜드에 직·간접적으로 영향을 미치고 있는 모든 구성원에게 지식경영을 수행할 수 있는 기반을 제공한다. 마케팅 조직이 브랜드가 아닌 과업중심으로 구축된 기업에는 절대적으로 중요한 사항이다.

　　넷째, 체계적으로 숫자에 기반을 둔 마케팅을 구현할 수 있다. 현장에서는 필요에 따라 경험과 직관으로 의사결정이 이루어지는 경우도 있지만, 객관적인 지표를 통해 이루어지는 것이 바람직한 방향이다. 소비자들은 시장의 변화에 따라 끊임없이 변화하기 때문에 지속적인 조사를 통해 정보의 업데이트도 필요하다. 이를 통해 중복된 프로모션과 같은 시행착오를 원천적으로 차단할 수 있다.

마지막으로 브랜드매뉴얼이 구축되어 있으면 브랜드전략의 일관성을 유지할 수 있다. 브랜드관리에서 최대의 현안이 일관성을 유지하는 것이다. 브랜드는 시장의 변화나 경쟁사의 전략에 따라 소비자의 마음속에서 지속적으로 움직인다. 근시안적인 사고에 따라 시장 환경에 따라 하나씩 대처하다 보면 브랜드전략의 일관성을 놓칠 수 있다. 현실적으로 급변하는 시장 환경에서 마케터가 일관된 브랜드정책을 운영하는 데는 많은 어려움이 따른다. 브랜드매뉴얼에 별도의 가이드라인을 수립해 일관된 정책을 유지해 나가야 한다.

브랜드매뉴얼은 다양한 차원에서 매우 유용한 지침서로 활용할 수 있다. 여기서 마케터가 명심할 점은, 시장 환경이 고정적이지 않고 시간에 따라 유동적이기 때문에 지속해서 업데이트를 해야 한다는 것이다. 사업에 따라 다르지만 적어도 분기별로 보완할 필요가 있다. 마케팅 담당자는 자신의 브랜드와 생사고락을 함께하는 경향이 있다. 브랜드가 잘 나가면 담당자도 조직에서 인정받을 수 있지만, 극단적인 경우 브랜드가 실패하면 담당자도 회사를 떠나는 예도 있다.

실패한 브랜드라는 이유로 매뉴얼을 체계적으로 구축해 놓지 않으면 업무 혼선이 초래될 수 있다. 이를 방지하기 위해서는 마케터의 머릿속에 내장된 경험이나 지식을 반드시 매뉴얼을 통해 문서로 작성해야 한다. 능력 있는 마케터가 헤드헌터 시장의 표적이 되고 있는 상황에서 브랜드매뉴얼의 체계적인 관리는 더욱 중요시되고 있다. 브랜드매뉴얼은 시행착오를 최소화할 수 있을 뿐만 아니라 사내에 널려진 브랜드에 대한 정보를 한 곳으로 결집해 지식을 통합적으로 관리할 수 있는 지식경영의 실천적 방안이다.

매출액이 인격이다

    기업이 지속 가능한 성장을 실현하기 위해서는 현실적으로 매출액 달성이 중요하다. 기업에서 매출액을 책임지는 곳은 마케팅과 영업부서로 실적을 마감할 때마다 긴장하게 된다. 이처럼 마케팅 부서의 핵심과업은 목표한 매출액을 달성하는 일로 현업에서는 매출액이 인격이라는 말이 통용될 정도다. 기업 간 벌어지고 있는 치열한 마케팅 전쟁도 궁극적으로 매출액 달성을 지원하는 일로 귀결될 수 있다. 즉, 4대 매체를 이용한 광고의 집행이나 각종 판매촉진 활동들이 영업부를 지원해 목표한 매출액을 달성하기 위한 전략이다. 매체를 활용한 커뮤니케이션이 장기적인 관점에서 상품이나 서비스의 브랜드 로열티를 강화하여 매출을 증진하기 위한 간접적인 판촉수단이라면,

세일즈 프로모션(Sales promotion)은 구체적인 방법으로 단기간에 상품이나 서비스의 매출을 증진하기 위한 판촉활동이다.

마케팅의 궁극적인 목표는 브랜드 로열티를 구축하는 일이다. 단순하게 영업부의 판매를 지원하는 일이 아니란 말이다. 고객의 마음속에 브랜드파워가 구축되면 고객의 구매 행동으로 이어지고, 이것은 다시 시장점유율이나 매출액 증진으로 연결된다. 그럼에도 일부 기업들은 마케팅 부서를 매출목표 달성을 위해 영업부의 판매촉진 활동을 지원하는 부서로 오인하는 경우가 있다. 이러한 조직에서는 단기적으로 매출을 달성할 수 있을지 몰라도 브랜드관리는 요원일 수밖에 없다.

어떤 상황에서도 마케팅의 중심에는 단연 브랜드가 있어야 한다. 프로모션 전략은 크게 풀(Pull)과 푸시(Push) 전략으로 구분할 수 있다. TV광고와 같은 풀 커뮤니케이션이 최종소비자에게 초점을 맞춘 적극적인 성격의 판매촉진이라면, 대리점 사장이나 거래처 점주들을 상대로 간접적인 방법으로 인센티브를 제공해 판매를 독려시키는 것이 푸시 전략이다. 프로모션을 진행할 때 담당자가 명심해야 할 사항은 일시적으로 판매를 증진하기 위한 판촉활동은 마약과 같으므로 부득이한 경우를 제외하고 철저하게 지양해야만 한다.

공동마케팅에서 실마리를 찾아라

기업이 매출액을 확대할 수 있는 효과적인 수단으로 '공동마케팅 전략'이 있다. 공동마케팅은 현장에서 매우 광범위하게 활용되고 있는 분야로 넓은 차원에서 회사 대 회사가 공동의 목적을 실현하기 위한 활동이다. 공동마케팅이 현업에서 중요한 마케팅 수단으로 주목받는 이유는 상생되기 때문이다. 이러한 이유로 현재 업종이나 국경을 초월해 진행되고 있으며, 심지어는 '적과의 동침'이란 이름으로 경쟁업체와도 전개되고 있다.

국내화장품 업계의 리더인 태평양과 중앙일보는 새로운 잡지 「세씨」를 창간할 때 공동으로 업무를 추진한 적이 있다. 이를 통해 중앙일보는 창간호 30만 부를 하루 만에 매진시킬 수 있었고, 태평양은 신제품 출시를 위해 샘플링이 필요한 시점에 효과적으로 홍보할 수 있었다. 창간호 잡지의 주목도 및 판매를 증진하기 위해 강력한 프로모션이 필요한 상황에서 양사의 목적이 정확히 맞아떨어진 것이다. 이들은 행사에 든 비용을 일정한 비율로 분담함으로써 비용에 관한 부담도 절감시킬 수 있었다. 이것이 바로 공동마케팅의 최대 매력이라고 할 수 있다.

공동마케팅은 업종 간 결합하는 방식에 따라 '공생(symbiotic) 마케팅'과 '하이브리드(hybrid) 마케팅'으로 구분할 수 있다. 하이브리드 마케팅은 우리가 알고 있는 가장 일반적인 공동마케팅 형태로 이종업계 간에 진행하는 것을 말한다. 공생 마케팅은 특이하게도 경쟁 관계의 동종업계 간에 협업하는 것으로 예를 들어 동원 F&B, 롯데햄, CJ가 백화점 매장에서 공동으로 앤드 매대를 임대해 판촉활동을 수행하는 방법을 말한다. 또는 경쟁 관계에 있는 호텔 간에 공동으로 제휴카드를 발급해 사용하게 한다거나, 백화점들이 자사 상품권을 다른 백화점에서도 공동으로 사용하는 전략도 여기에 해당한다.

최근 마케팅 환경에서 업무의 영역을 명확히 구분하는 것은 불가능에 가깝다. 이를 입증하듯이 프로모션의 영역 또한 매우 다양하고 복합적으로 전개되고 있다. 공동마케팅의 영역은 무궁무진하다. 광고를 제작할 때나 신제품을 개발할 때, 또는 유통경로를 설계할 때도 업종이나 업계를 불문하고 포괄적으로 접근할 수 있다.

성공적인 공동마케팅을 수행하기 위해서는 자신의 네트워크를 활용할 필요가 있다. 사회 변화를 지속해서 주시하다 가능성이 판단될 때 나가서 직접 만나는 것이 좋다. 경쟁사와도 가능한 업무가 바로 공동마케팅이다. 경쟁 환경이 다변화, 퓨전화되고 있는 상황에서 어떠한 곳과도 실행할 수 있다. 시장의 벽을 넘어 다른 업계의 정보나 인맥을 많이 가지고 있을 때 기발한 아이디어를 발굴할 수 있다.

현실적으로 공동마케팅이 성사되려면 중역이나 팀장의 역할이 중요하다. 아직 국내에서 진행되고 있는 대부분 공동마케팅은 실무자가 아니라 기업과 기업이 위에서 연결되어 아래로 지시되는 탑다운(Top down) 방식의 업무협력이 많다. 하지만 근래에 들어 뛰어난 실무자들이 아이디어를 도출하고 경영진이 연결하는 상향식의 업무협력도 증가하고 있다.

효과적인 공동마케팅을 전개하기 위한 아이디어 원천은 어디에 있을까? 가장 쉬운 방법으로는 매일 발행되고 있는 경제

지나 일간지에서 업계 간 벌어지고 있는 업무협력 사례에서 찾을 수 있다. 공동마케팅 사례는 업계를 불문하고 매일같이 신문지상에 보도된다. 지금까지 언론에 보도된 다양한 사례는 담당자에게 많은 시사점을 제시해줄 수 있다. 자신이 담당하는 서비스나 상품영역에 국한하지 말고 열린 마음으로 공동마케팅을 바라보는 시각이 필요하다.

닭이 먼저냐 달걀이 먼저냐

유통경로 상에는 경로구성원들 간의 이해가 복합적으로 얽혀있기 때문에 필연적으로 갈등이 유발된다. 갈등의 온상은 주로 대형할인점들 때문에 일어나게 되는데 이들은 강력한 구매력을 무기로 제조업자들에게 무리한 가격할인을 요구하고 있다. 제조업자가 유통업자들에게 끌려가지 않고 시장에서 힘의 우위에 설 방안은 1등 상품의 개발과 채널별로 특화된 상품을 공급하는 것이다. 마케팅에서 유통관리가 특별히 어려운 이유는 대부분 변수들이 통제가 어렵기 때문이다. 유통환경에 영향을 미치는 대표적인 요인들인 경쟁사의 정책과 경로구성원의 욕구 그리고 정부시책의 변화, 소비자의 수요변화 등은 모두 통제가 어려운 것들이다.

제조업자와 소비자는 유통경로가 단순할수록 서로에게 이익이다. 채널과 유통단계가 많을수록 소비자는 유통마진이 포함된 상품을 구입해야 하고, 제조업자는 다양하고 복잡한 유통경로 구성원들을 관리하는데 시간과 비용이 소요된다. 대형

할인점은 유통단계를 축소시키면서 소비자가격을 낮추고 거품을 제거했다는 순기능적인 측면과 중소형 점포들의 폐점과 같은 부정적인 문제를 동시에 가지고 있다. 자신의 힘을 이용하여 제조업자에게 과도한 가격할인을 요구하거나 심지어 일부 할인점들은 입점비나 장려금 등을 요구하는 경우도 있다.

기업에서 매출액은 크게 두 가지 방법으로 집계된다. 마케팅 본부에서 관리하는 방식으로 각각의 브랜드나 제품의 매출액을 합산하는 방법과 영업본부에서 전국적인 영업망의 조직에 따라 수도권이나 영남, 호남 등과 같이 지리적으로 할당된 매출액을 합산하는 방법이다. 브랜드를 합산해 전체의 합산이 회사의 전체 매출액이 되는 숫자는 마케팅 부서에서 책임지는 목표로 브랜드별로 투자한 예산이나 비용에 따라 성과가 평가된다. 이와 달리 영업부서가 책임지는 매출액은 각각의 유통경로나 채널별로 판매되는 숫자로 지역별로 매출액 목표가 할당되고 관리된다. 유통현장은 상품의 매출이 직접 발생하는 현장으로 고객이 제품을 구매할 시점에 해당 상품의 입점 여부가 대단히 중요하다. 상품이 시장에서 성공하기 위해서는 유통 점포에 침투하는 것은 기본이다. 기업은 침투율을 높이기 위해 다양한 방법으로 프로모션을 구사해야만 한다.

입점한 이후에 상품의 진열상태도 상대적으로 경쟁상품과 비교해 우위를 가져가야 한다. 이를 위해 마케팅 담당자들은 유통경로 구성원이나 영업사원들에게 상품에 대한 성공 가능성을 심어주어야 한다. 이들을 설득하지 못하면 매장 자체에

제품이 진열되지 못한다. 매장에 제품이 진열되지 않은 상태에서 다른 마케팅 활동으로 소비자들을 설득시키는 것은 어리석은 일이다. 제품의 성공과 매장에서의 진열상태는 매우 긴밀한 관계가 있다. 매장의 진열공간은 한정되어 있고 하루에도 수많은 상품이 출시되는 상황에서 자사만의 침투율을 높이는 일은 어렵다. 그럼에도 소비재용품은 '침투율=매출'이란 등식을 기억해야만 한다.

영업부서에서 책임지고 있는 입점률 때문에 마케팅 부서와 영업부 사이에 갈등이 일어나는 경우가 있다. 영업부서는 상품이나 브랜드 또는 프로모션 활동이 저조하므로 침투율이 늘어나지 않는다는 논리를 앞세우고, 마케팅 부서는 침투율이 낮으므로 매출이 발생하지 않는다는 논리로 다툼이 일어난다. 닭이 먼저냐 달걀이 먼저냐는 문제로 첨예하게 대립하게 된다. 상품의 성공과 침투율은 긴밀한 관계가 있다. 분명한 것은 상품이 효과적으로 유통에 침투하기 위해서는 마케팅 지원이 뒤따라야 한다. 유통경로 구성원을 공략하기 위한 전략으로는 인센티브나 가격할인, 판매량에 따라 경품을 제공하는 방법 등이 있다.

기업에서 매출이라는 공동의 목표를 담당하고 있는 영업부와 마케팅 부서는 흔히 물과 기름의 관계로 묘사되곤 한다. 분위기가 좋을 때는 상관없지만 회사가 어려운 상황에 부닥치게 되면 서로에게 책임을 떠맡기곤 한다. 제대로 된 상품을 만들라는 영업부와 입점부터 시키라는 마케팅 부서의 요청이 대립

한다. 기업에서 마케팅 부서가 신제품 출시부터 소비자가 매장에서 제품을 찾도록 유인하고, 구입해 사용 후 피드백을 하는 전반을 기획하고 관리하는 역할을 수행한다면, 영업부의 역할은 제품이 특정지역이나 채널에서 소비자에게 팔릴 수 있도록 장소적 혜택을 제공하는 것이다. 대리점이나 할인점에서 고객들이 제품을 구입할 수 있도록 침투율을 늘리는 것이다.

마케팅 부서가 전사적인 관점에서 광범위한 전략을 수립하고 집행하는 부서라면 영업부서는 각각의 고객 접점에서 채널전략을 실행하는 부서로 볼 수 있다. 매출액은 침투율과 매우 긴밀한 관계가 있다. 매출액확대를 위해서는 침투율을 강화할 수 있는 자사만의 특화된 인센티브 전략을 끊임없이 발굴해야만 한다.

가격할인은 기업에 마약을 투입하는 행위다

마케팅 담당자가 단기적인 매출액 달성에 함몰되면 돌이킬 수 없는 나락으로 추락할 수 있다. 지나친 판촉활동은 마약과 같다는 것을 알아야 한다. 단기적인 매출액 증진을 목적으로 가격할인을 진행하는 것은 매우 위험한 발상이다. 프로모션은 브랜드 로열티를 손상하지 않는 방향으로 기획하고 운영해야만 한다. 비용대비 효율성을 고려하는 사고도 필요하지만 '브랜드 로열티'를 해치는 프로모션은 철저하게 배제해야 한다.

가격할인은 최후의 수단으로 장기적인 브랜드관리에서 철저하게 지양되어야 한다. 다양한 판촉전이 전개되고 있는 국내 휴

대전화 시장이나 패션의류 시장에는 이미 아웃렛 매장이 넘쳐 나고 있다. 의류상품에서 관행적으로 되풀이되고 있는 가격할 인은 무엇을 의미하는가? 마케팅에서 가격은 마지막 보루이자 마케터를 끊임없이 유혹하는 대상이다. 가격을 무기로 마케팅 을 전개할 경우, 단기적으로 판매증가는 실현할 수 있을지 몰라 도 장기적으로 브랜드 로열티는 크게 훼손될 수밖에 없다. 가 격할인의 혜택을 맛 본 고객들은 가격할인을 당연한 것으로 수용하는 경향이 있다. 이동통신사 시장에서 휴대전화를 제값 을 지불하고 사는 것을 오히려 이상하게 생각한다는 말이다. 실제로 주위에는 가격할인을 수시로 활용하다가 사라진 패션 의류 브랜드가 너무도 많다.

치열하게 경쟁이 전개되고 있는 현장에서 시행할 수 있는 판 촉의 유형으로는 기획 상품의 구성이나 포스터, 진열대 제작 등이 있다. 기획 상품은 일반적으로 경쟁적인 시장 환경에 대 응할 목적으로 기존상품의 용량을 확대하거나 특정한 상품을 끼워서 일정 기간에 국한해 판매하는 전략이다. 이는 경쟁사 대비 진입 장벽을 구축할 수 있는 강력한 수단으로 손익을 고 려해 집행해야 한다. 또한 시행기간 동안 일시적으로 브랜드전 환을 유도해 경쟁사를 초조하게 할 수 있는 전략이다. 하지만 자주 활용하면 본 상품의 판매가 감소할 수 있고, 오랜 기간 지 속하면 브랜드 로열티가 훼손되거나 유통 별로 충돌이 일어날 수 있다.

구매시점에 해당 매장에서 모델이나 상품의 특성을 연계

해 효과를 극대화할 수 있는 커뮤니케이션 수단으로 포스터와 POP를 제작해 매장에 부착하는 방법도 매출액을 강화시킬 수 있다. 패션상품은 고객이 매장에 부착한 POP나 포스터를 자신의 책상 앞에 붙여 놓을 수 있도록 모델을 삽입해 깔끔하게 제작하면 기대 이상의 성과가 가능하다. 이들은 구매시점에 고객의 주목도를 높이면서 광고와 연계하거나 상품의 이미지를 간접적으로 전달할 수 있는 간접광고물의 역할을 훌륭히 소화할 수 있다.

상품의 성격에 따라 진열대를 제작하는 방법도 유용하다. 제작된 진열대 자체가 브랜드 로열티를 강화하면서 동시에 매장에서 판매를 증진할 수 있기 때문이다. 매장의 특성을 고려해 매장의 사각지대를 활용될 수 있도록 아이디어를 개발해 설계하는 것이 좋다. 점주들이 별도로 요구할 수 있는 입점비를 최소화하기 위해서다. 마케팅 관점에서 깊게 고민해야 할 판촉수단으로는 브랜드 로열티를 올리면서 동시에 매출액도 달성할 수 있는 프로모션이다.

성공적인 커뮤니케이션 전략

마케팅 업무는 참으로 광범위하고 다양하다. 제품은 기본이라는 전제하에 마케팅 성패에 결정적인 영향을 미치는 변수를 꼽으라면 주저 없이 커뮤니케이션을 선택할 것이다. 아무리 좋은 제품도 고객들에게 제대로 커뮤니케이션하지 못한다면 결코 성공할 수 없다. 시장에서 실패한 상품들의 공통점도 여기서 찾을 수 있다. 제품 자체는 훌륭하게 만들었으나 적재 적시에 핵심고객에게 제대로 전달하지 못한 것이다. 성공적인 상품을 만들기 위해서는 반드시 성공적인 커뮤니케이션 전략이 뒤따라야만 한다.

마케팅 성공사례를 분석해보면 공통점을 발견할 수 있다. 모두가 상품이나 서비스 특성에 알맞은 커뮤니케이션 전략을 수행한 것이다. 브랜드와 일치한 커뮤니케이션 콘셉트를 설정하고, 이를 뒷받침할 수 있는 마케팅 재원과 합리적인 매체전략이 만들어낸 합작품인 경우가 많다. 에이스침대는 가구 회사들이 침대제조로 사업영역을 다각화하자 '침대는 가구가 아닙니다. 과학입니다.'라는 차별화된 커뮤니케이션을 전개하여 시장 잠식을 막고 침대를 제조하는 전문회사로서의 강력한 이미지를 구축했다. 삼성전자는 신상품을 출시하면서 '잃어버린 1인치를 찾았다.'라는 커뮤니케이션으로 기존 브라운관의 굳어진 4 대 3비율과 차별화된 12.8 대 9라는 혁신적인 콘셉트를 효과적으로 전달하여 새로운 시장을 창출하는 계기를 마련할 수 있었다.

일반적으로 화장품 업계에서 통용되고 있는 두 가지 불문율은 저가격 화장품은 실패한다는 고정관념과 리필화상품의 부재다. 이러한 관행을 깨고 미샤는 저가화장품 시장에서 쾌거를 달성했다. 3,300원짜리 립스틱과 파운데이션으로 틈새시장을 성공적으로 공략한 것이다. 화장품은 여성들에게 꿈이나 이미지를 팔아야 성공할 수 있다는 커뮤니케이션 원칙을 고수하는 전략이 주요했다. 이들은 비록 저가격 화장품임에도 A급 모델인 보아나 원빈 같은 초대형 스타를 내세워 TV광고를 공격적으로 집행하면서 브랜드에 꿈과 희망을 심어준 것이다. 이후에 가격을 점차 올리면서 오프라인으로 유통점을 다변화하면서 크게 성공을 거두었다.

포스코는 강하고 거친 철강회사 이미지를 '소리 없이 세상을 움직인다.'는 감성적인 메시지를 일관성 있게 전개함으로써 포항제철이라는 굴뚝이미지를 벗고 세련된 글로벌 기업으로 거듭날 수 있었다. 이를 기반으로 건설 등의 자회사로도 긍정적으로 작용하고 있다.

효율적인 통합마케팅 전략

성공적으로 커뮤니케이션 전략이 운영되기 위해서는 통합마케팅에 대한 이해가 필요하다. 기업에는 전사적으로 다양한 유형의 커뮤니케이션과 제작물이 만들어지고 있다. 즉, 다양한 부서에서 각각의 목소리로 커뮤니케이션이 전개되고 있는 것이다. 이를 전반적으로 점검해 최적의 커뮤니케이션이 전개될 수 있도록 창구를 일원화할 필요가 있다. 이는 전사적으로 한목소리를 낼 수 있도록 통합된 총괄적인 전략의 수립과 집행을 의미한다. 현대 경영에서는 복잡하고 다양한 커뮤니케이션 환경에서 자사의 고객에게 총체적으로 접근하기 위한 통합된 커뮤니케이션 전략이 필요하다.

여기서 중요한 점은 서로 다른 채널에서도 일관된 목소리를 내어 채널 간 시너지를 창출하는 것이다. TV매체에서는 모델이, 인쇄매체에서는 카피가, 인터넷의 배너광고에서는 등장하는 문구가, 포스터나 POP에서도 등장하는 콘셉트가 모두 '일관된 목소리'로 고객의 마음을 집요하게 공략해야 한다. 이를 위해서는 마케팅 조직이 브랜드를 중심으로 브랜드 매니저로 정착되어 있어야 가능하다.

'브랜드매니저 제도'란 신제품을 기획하고 광고를 집행하는 전반적인 사항을 담당자가 무한책임을 가지고 일관된 전략을 펼칠 수 있는 마케팅 조직을 말한다. 현실적으로 대부분 국내 기업들이 운영하고 있는 제품개발자와 판촉담당자, 그리고 광고담당자가 다른 팀으로 구축된 조직에서는 일관된 목소리를 낸다는 것이 어렵다. 다른 팀에서 진행하는 일에 관여하는 것은 월권행위이기 때문이다. 이와 달리 제품의 개발자가 광고를 기획하고 제작한다면 일관된 메시지로 커뮤니케이션을 수행할 수 있다. 각각의 기능별로 분리된 마케팅 업무를 하나로 통합해 운영하는 전략으로 담당자는 종적인 깊이만큼 횡적인 면에서도 거시적인 안목과 다재다능한 역량이 필요하다.

마케팅에서 가장 막대한 예산이 투입되는 TV광고 집행은 기업의 중대한 의사결정 사항이다. 다국적기업들은 마케팅 재원이 확보되지 않은 상태에서 신제품을 출시하지 않는다는 확고한 철학을 가지고 있다. 다시 말해 성숙한 경쟁 환경에서 광고비도 없이 신제품을 출시하는 것은 자멸을 의미한다. 이를 입증하듯이 대부분의 성공한 상품들은 TV광고를 적재 적시에 집행한 경우가 많다. 이러한 차원에서 TV광고는 마케팅의 꽃이라 불러도 손색이 없는 강력한 커뮤니케이션 수단이다. 매체 환경이 다변화되면서 이전보다 매체 효율성이 떨어지고 있지만 지금도 국내에서 가장 효과적인 수단으로 인정받고 있다. 특히 우리나라 사람들은 TV광고를 하는 제품을 신뢰한다는 특이한 문화적인 특성도 무시할 수 없는 요인이다.

모델의, 모델에 의한, 모델을 위한 광고?

TV광고는 위험도 따르기에 신중한 의사결정을 필요로 한다. 기대되는 잠재시장 규모를 세밀하게 고려해 설계하라는 말이다. 효과적인 커뮤니케이션 수단이지만 동시에 족쇄로 작용할 수도 있다. 특히 인터넷이나 케이블TV방송, SNS 등으로 매체가 다변화되는 요인도 주목할 대상이다. 분명한 것은 TV광고가 소비자에게 효과적인 커뮤니케이션 수단은 분명하지만, 마케팅 전략의 모든 성패를 결정하는 변수는 아니다.

여러 가지 마케팅 활동에서 TV광고는 해당 기업의 마케팅 역량을 가늠해볼 수 있는 수단이다. TV광고 속에는 기업들의 모든 마케팅 노력이 포함되어 있다고 볼 수 있다. 이러한 광고의 중요성에도 기업들의 TV광고에는 허점이 많다. 가장 큰 문제점은 제품이나 브랜드의 핵심혜택을 제대로 전달하지 못하는 임팩트가 미약한 광고가 많다. 이러한 광고물은 15초 동안 광고카피는 화려하기만 하고, '최고나 최초, 전통 있는' 등과 같은 일반적인 메시지로 일관하거나 평범하고 일상적인 화면을 내세워 고객의 머리에 아무것도 새기지 못한다. 간혹 대표이사가 모델로 등장해 최고의 정성으로 온 힘을 다해 상품을 만들었다는 광고는 시대에 뒤떨어진 느낌마저 든다.

둘째는 광고에서 '한번 튀어보자!'는 전략이다. 광고제작 자체의 창의적인 아이디어 개발에 집중하여 시청자들이 자신이 만든 창의적인 광고물을 이해할 것이라는 제작자 관점에서 광고를 만들었지만, 브랜드 이미지나 제품의 매출과는 아무런 관런이 없는 광고다. 광고 자체는 성공했을지 몰라도 소비자에게 브랜드를 심어주는 데는 실패하는, 주와 객이 뒤바뀐 광고물을 말한다.

셋째는 콘셉트와 전혀 연계되지 않은 모델을 활용하는 광고다. 모델은 커뮤니케이션에서 매우 중요한 비중을 차지하고 있음에도 의사결정자의 취향에 따라 독단적으로 결정되거나 단기간에 콘셉트가 다른 모델로 바뀌면서 일관성을 잃고 있는 경우를 말한다. 특정 드라마에서 주인공이 주목받으면 브랜드가 추구하는 콘셉트와 무관하게 모델로 채택될 확률이 높다. 전통사극에서 청순하고 가련한 여주인공을 맡은 드라마가 시청률이 높아지면 여주인공의 이미지와 전혀 어울리지 않는 브랜드의 모델로 선정되는 경우도 있다. 더욱 안타까운 점은 비싼 모델료를 의식해 15초 광고물에서 브랜드나 상품보다 모델 자체를 부각하다가 오히려 브랜드가 모델에게 가려지는 경우도 있다.

넷째로 우리나라 광고는 너무 자주 바뀐다. 1차 광고를 시작으로 얼마 뒤에 2차 광고, 3차 광고 등이 연달아 집행된다. 광고주들은 소비자들이 광고를 지겹게 생각할 것으로 오인하고 있지만 실제로 광고물을 지겨워하는 것은 소비자가 아니라 광고주들이다. 소비자들은 광고에는 거의 관심이 없다고 생각하면 된다. 이를 반영하듯이 외국에서는 광고 하나를 제대로 만들어 수년에 걸쳐 동일한 광고를 방영하는 경우가 많다. 촬영할 때마다 소요되는 수억 원의 제작비를 잘 만든 광고물 하나에 집행하는 것도 효율적이다. 시청자들이 지겨워하는 광고는 오히려 성공한 것으로도 해석할 수 있다.

다섯째는 브랜드가 추구하는 콘셉트와 일치한 프로그램이나 시간대에 광고가 방영되는 것이 아니라 적정한 시간대에 무작위로 방영되는 광고도 자주 목격되고 있다. 프로그램의 차별화나 효율성을 최적화하기보다 인기방송을 중심으로 프로그램을 구입해 타겟 시청자를 놓치거나, 특정한 사람이 책정한 광고비에 따라 광고가 일방적으로 운영되는 경우다. 광고는 잘 만드는 것도 중요하지만 적재 적시에서 광고를 최적의 금액으로 집행하는 것도 매우 중요하다.

이 밖에도 스토리를 어렵게 구성해 한참을 생각해야 이해할 수 있는 광고물 제작에 수십억에 달하는 예산이 공중에 흩뿌려지고 있다. 이것은 기업의 손실을 넘어 국가적인 차원에서 낭비에 해당한다. 반면 다국적 기업들은 정교한 기법으로 광고를 운영하고 있다. 신뢰성 있는 모델을 활용해 일관된 메시지를 지속적으로 제시하여 브랜드가 추구하는 콘셉트를 성공적으로 자리매김하고 있는 것이다.

논리적인 광고는 실패한다

우리는 매일같이 광고의 홍수 속에서 살아가고 있다. 아이러니하게도 조금 전에 무슨 광고를 봤는지 기억하지 못한다는 것이다. 실제로 하룻밤 동안 TV를 시청한 사람들은 자신의 의지와 상관없이 수백 편의 TV광고에 노출되지만 기억나는 광고를 말해보라고 하면 2~3개 이상 기억해 내기도 어렵다. 설령 광고를 기억한다 할지라도 그들이 본 광고의 메시지를 구체적으로 말해 보라고 하면 거의 대답하지 못한다. 마케팅을 전공하고 있는 대학원생들에게 질문해도 결과는 마찬가지다.

이것은 무엇을 의미할까? 소비자들의 마음속에 브랜드 이미지를 심는 것은 이처럼 어렵고 힘들다는 것이다. 마케팅 담당자나 광고제작자들이 원하는 것처럼 시청자들은 논리적이지 않고 무의식적으로 광고를 시청할 뿐이다. 너무 복잡하고 논리적인 광고는 실패를 의미한다. 정작 중요한 사실은 소비자의 마음속에 심을 수 있는 강력한 하나의 단어이다. 소비자들은 광고주들이 의도하는 것처럼 브랜드에 대해 많은 것을 기억해주지 않는다. 사람들은 자신에게 이익이 되거나 필요한 정보만을 기억하려고 한다. 많은 것을 말하는 것은 아무것도 말하지 않는 것과 같다. 소비자들은 일방적으로 전달된 메시지를 마음속으로 받아들이지 않는다. 그들은 광고를 기억할 의무가 조금도 없다는 말이다.

사업과 연계된 인쇄매체 전략

신문과 잡지에는 인쇄광고가 가능하다. 인쇄광고를 집행할 때는 명확한 철학이 있어야 한다. 신문이나 잡지가 TV광고에 비해 단순하게 비용이 저렴하므로 광고를 집행한다는 안일한 생각은 곤란하다. 인쇄광고의 단가는 열독율에 따라 책정된다. 열독율이란 신문이나 잡지의 정기구독 여부와 관계없이 조사

시점의 일정기간 동안 해당 신문이나 잡지를 읽은 사람을 백분율로 나타낸 지표로, 인쇄매체의 구독률과 함께 매체전파력을 평가하는 중요한 기준이 된다.

일부에서는 국내 신문사들의 광고행태에 대한 비판여론이 있다. 신문인지, 광고를 위한 전단인지 모를 정도로 신문지면에 광고가 많아 언론사의 본원적인 목적을 벗어났다는 지적이다. 실제로 소비자단체가 조사한 바로는 국내 일간지의 광고비율이 반수를 넘는 것으로 나타나고 있어 기사를 싣기 위해 신문을 만드는 것이 아니라 광고를 싣고자 신문을 만들고 있다는 혹독한 비판마저 제기되고 있는 실정이다.

TV광고에 비해 인쇄광고의 장점은 자세한 정보를 정확하게 제공할 수 있다는 점이다. 또한 잡지광고의 장점은 표적고객에게 직접 마케팅을 진행할 수 있다. 잡지를 보는 사람이 잡지의 콘셉트에 따라 정해져 있기 때문에 브랜드가 추구하는 콘셉트와 일치된 잡지를 선택적으로 활용하는 전략이 가능한 것이다. 반면 광고에 관심이 많은 사람에게만 노출되는 단점도 있다. 그럼에도 인쇄광고가 꾸준히 집행되는 이유는 TV광고를 보조하면서, TV광고가 소화하지 못하는 세부적인 사항을 지속해서 다양한 사람들에게 노출할 수 있기 때문이다.

인쇄광고 전략은 다음과 같이 세 가지 관점에서 검토되고 실행되어야 한다. 첫째, 통합마케팅 전략의 일환으로 TV광고와 연계해 시너지가 극대화될 수 있도록 인쇄광고를 집행해야 한다. 즉, 15초라는 TV광고에서 표현하지 못한 세부적인 정보를 인쇄매체에서 구체적으로 제공하는 전략이다. 공격적으로 TV 광고를 운영하는 브랜드는 잡지와 신문에도 매체광고를 할당해 시너지를 도모할 필요가 있다. 유념할 점은 TV와 마찬가지로 일관된 커뮤니케이션 콘셉트를 유지해야만 한다.

둘째, 각종 이벤트나 프로모션을 진행할 때 이를 소비자에게 알림으로써 브랜드를 홍보하거나 고객의 참여율을 높이기 위해서는 효과적인 수단이 될 수 있다. 현업에서 소비자를 위한 경품이나 사은품 행사를 진행할 때 대략 70퍼센트 내외의 예산이 프로모션을 알리는 커뮤니케이션 비용으로 쓰인다. 프로모션 자체보다 중요한 것이 행사의 내용을 고객들에게 적극 알리는 일이다. 인쇄매체 광고는 행사와 브랜드를 동시에 알릴 수 있는 효과적인 수단이다.

셋째, TV매체와 연계하지 않고 단독적으로 인쇄광고를 집행하면 반드시 차별화된 아이디어를 발굴해야만 한다. 자신이 담당하고 있는 상품의 특성과 인쇄광고를 연계시키는 전략이다. 차별화된 아이디어가 가미될수록 독자들이 광고를 볼 확률이 높아질 수 있다. 외국의 마케팅 조사로는 1.73초 안에 고객의 눈을 사로잡을 수 없다면 인쇄광고는 무의미하다고 한다.

PR과 SNS마케팅에 주목하라

현대 사회를 매스미디어의 시대라 부른다. TV를 시작으로 신문이나 잡지, 인터넷 등과 같은 매체가 시대를 이끌어 나가고 있다. 마케팅에서 미디어가 중요한 이유는 자사의 상품이나 서비스를 알릴 수 있는 최강의 커뮤니케이션 채널이기 때문이다. 그중에서도 홍보에 대한 특별한 관리가 필요하다. 누구나 PR(Public Relations)에 대해 들어봤을 것이다. 현업에서 PR은 '피할 것은 피(P)하고 알릴 것은 알(R)리는 일'로 익살스럽게 표현되고 있지만 일부에서는 광고를 대체할 수 있는 수단으로까지 거론되고 있다. PR에 드는 비용은 광고에 비해 적게 소요되지만 효과는 훨씬 높다는 것이 최대의 매력이다.

전 세계적으로 PR에서 가장 성공적인 기업으로 베네통을

꼽는다. 이들은 과거 매체 위주의 광고에서 과감하게 탈피한 획기적인 캠페인으로 매스컴에 보도되면서 베네통만의 차별화된 이미지를 구축하고 있다. 키스하는 신부와 수녀나, 수갑을 찬 흑인과 백인 남성 등과 같이 충격적인 장면을 그대로 광고로 활용하면서 상품 대신 '사회적 이슈'를 팔겠다는 의도된 목적으로 광고는 간단하게만 집행하고 나머지는 매스컴에 맡긴다는 전략이다.

광고와 PR의 가장 큰 차이점은 광고는 돈만 지불하면 얼마든 집행할 수 있지만, PR은 언론사들이 스스로 집행하는 기사이기 때문에 신뢰성이 높다는 장점이 있다. 통념적으로 PR에는 비용이 들어가지 않는다고 생각할 수 있지만 실상은 그렇지 않다. 대부분의 언론사 수익의 대부분은 광고가 차지하고 있다. 광고와 PR은 악어와 악어새의 관계로 언론사와 기업의 홍보실 간에 PR 기사를 놓고 광고가 거래되는 경우도 있다.

광고는 끝났다, 지금은 PR시대

PR은 대중과의 커뮤니케이션을 통해 공중의 이해와 친선을 도모하는 '설득' 커뮤니케이션 행위이다. 현대는 매스컴의 시대로 우리는 자신도 모르는 사이에 매스미디어에 노출되어 있다. 매스미디어의 운영은 대부분 광고비를 통해 충당되는 관계로 우리는 싫든 좋든 하루에도 수많은 광고를 동시에 접하고 있다. 이러한 이유로 사람들은 대중매체를 통해 광고주에 의해 일방적으로 보도되는 엄청난 광고물에 노출될 수밖에 없다. 넘쳐나는 광고의 홍수 속에서 누구나 광고에 대해 부정적인 생각을 하는 것은 당연하다. 이에 비해 언론사를 통해 보도되는 기사에 대해서는 객관적인 사실로 받아들이는 경향이 있다. 언론사에 의해 보도된 홍보성 기사는 일종의 정보로 수용하는 것이다. 광고가 기업의 브랜드나 상품에 대한 정보를 주입한 다음 구매 행동으로 이어지게 하는 행위라는 점에서 PR의 목적과 일치해 보인다. 상품의 정보를 전달하는 방식에서 광고주가 주입식으로 전달하는 광고와 언론사가 거부감 없이 전달하는 PR 기사의 차이는 참으로 엄청나다.

광고가 비용을 직접 지불하고 신문이나 언론매체 지면을 사는 데 비해 PR은 언론사에서 편집자들이 객관성을 검증해 스스로 기사화하기 때문에, 독자들은 객관적으로 검증된 PR 기사를 광고주가 일방적으로 던지는 광고보다 신뢰한다. 이러한 이유로 능력 있는 홍보인의 몸값이 치솟고 있다. 일부에서는 광고의 잔치는 끝났고 지금은 포스트 광고 시대로 그 대안이 PR이라는 인식이 확산하고 있다. 하지만 광고와 PR이 서로 연계되어 집행되는 현실을 생각할 때 아직도 마케팅에서 4대 매체 광고는 크게 중요한 상황이라고 볼 수 있다.

지금 국내에는 수많은 홍보대행사가 활동하고 있다. 그들은 언론사와 형성된 별도의 인맥을 활용해 기대 이상의 홍보성과를 올리고 있다. 기업에서 정책적으로 힘을 집중하는 프로젝트나 브랜드가 있다면 홍보대행사 활용을 검토할 필요가 있다. 여기서 유의할 점은 사내에 홍보실이 조직되어 있는 경우 홍보실과 PR 대행사 관계를 조심스럽게 조정할 필요가 있다. 이를 간과하면 홍보대행사와 홍보실 간에 업무 중복이나 충돌로 마찰이 일어날 수 있다. 홍보대행사와 계약서를 작성할 때도 목표에 도달하지 못하면 계약을 파기할 수 있다는 항목을 명시해 위험을 회피해야만 한다. 홍보는 업무의 특성상 영향을 미치는 변수가 다양하다. 돌발적인 사건이나 사고, 정책에 따라 언론사가 긴박하게 움직이기 때문이다. 또한 목표에 미달하면 수수료를 조정할 수 있는 조항을 명시함으로써 대행사와 발생할 수 있는 분쟁을 사전에 방지할 수 있다.

일반적으로 홍보성과는 보도된 기사의 크기와 지면의 위치로 평가된다. 홍보실은 기자를 사로잡을 수 있는 기발한 아이디어가 간절하다. 이것은 자신이 담당하는 브랜드를 언론매체를 통해 이슈화시킬 수 있는 아이디어를 찾는 마케팅 담당자와 동일한 고민으로, 서로가 힘을 모아 협업하면 효과를 극대화할 수 있다. 마케팅 지향적인 기업에서는 이미 이러한 업무가 성공적으로 전개될 수 있도록 프로세스가 구축되어 있다. 홍보실과 마케팅 부서가 정기적으로 홍보 전략회의를 통해 실적과 목표를 설정해 대응해 나가고 있다. 전사적인 차원에서 홍보의 중요성을 사내에 전파하고, 홍보실과 마케팅 부서 간에 시너지를 도모하는 것이 이들의 목적이다.

하루에도 수많은 사건이나 사고, 뉴스를 비롯해 셀 수 없는 정보가 넘쳐나고 있다. 이러한 상황에서 자사의 상품이나 브랜드를 기사로 유도하는 일은 대단히 어려운 일이다. 치열한 경쟁적 환경에서 효과적으로 홍보 업무를 수행하기 위해서는 가장 먼저 기자의 입장에서 전략적으로 사고해야만 한다. '고객의 입장에서 생각하라'는 개념이 마케팅의 출발점인 것과 마찬가지로 마케터가 PR 콘셉트를 설정하고 기사를 작성할 때는 기자의 입장에서 객관적으로 기사를 작성하는 지혜가 필요하다. 언론매체의 특징은 사건에 대한 객관적 시각이다. 자사의 상품이나 서비스를 중심으로 기사가 작성된다면 그 기사는 기자의 휴지통으로 들어갈 확률이 높다.

둘째는 필요한 정보는 최대한 풍부하게 작성해 전달하는 것이 좋다. 특정한 이슈를 단편적으로 국한하지 말고 시대적 배경이나 경과, 현재 상황에 이르기까지 풍부한 기획기사를 작성한다는 생각으로 다양한 정보를 제공해야 한다. 용어의 어원에서부터 외국의 사례와 국내실태, 업계동향에 대한 폭넓은 정보를 사진과 함께 제공하면 효과가 더 좋다. 기자들은 항상 바쁘다. 그들이 정보를 수집하는 데 필요한 시간을 최소화해주자는 말이다.

셋째는 잘 보도된 사진기사의 효과에 주목해야 한다. 사진기사가 일반 기사보다 무려 100배의 효과가 있기 때문이다. 매체 범람으로 독자들은 하루에도 엄청난 정보를 직·간접적으로 접하고 있다. 사람들은 언론사에서 배포한 신문이나 뉴스를 접할 때 모든 기사를 읽지 않는다. 자신의 관심사나 눈에 띄는 기사만을 발췌해 읽기 때문에 가독성이 높은 사진기사는 무의식적으로 볼 확률이 높다는 것이다.

넷째로 홍보에서 역시 타이밍은 매우 중요하다. 기자들이 가장 좋아하는 단어는 '특종', '단독', '처음'이다. 기사에서 타이밍이 얼마나 중요한지를 나타내는 말이다. 기사가 보도되기를 바라는 날짜보다 앞서 기자에게 자료를 보내주는 것이 좋다. 아무리 좋은 기사도 2, 3위로 보도되는 기사는 독자가 아니라 기자에게 무의미하다. 크리스마스를 기념하는 사진기사를 희망한다면 적어도 보름 전에는 4대 문권 안에서 획기적인 이벤트를 진행하여 사진기자를 초빙해야 한다. 크리스마스가 임박할수록 이벤트를 시행하는 업체가 늘어나기 때문에 참신한 아이디어도 프로모션의 홍수 속에 묻히기에 십상이다.

다섯째는 공익이나 기업의 사회적 책임을 연계할 때 홍보가 용이하다. 자사의 상품이나 서비스가 아무리 좋아도 상업적인 목적이 부각되면 기사화가 어렵다. 이를 극복하려면 공익성과 사회적인 책무를 연계해야 한다. 고아원이나 복지원, 양로원 등을 대상으로 상품이나 브랜드를 간접적으로 연계해 접근하는 방법이다.

현업에서 아무리 뛰어난 콘셉트도 홍보실 담당자를 설득하지 못하면 기사화가 어렵다. 사내에서 홍보실과 긴밀한 인간관계를 유지하는 일이 중요하다는 말이다. 마케팅 담당자가 홍보실을 리드하지 못한다면 경쟁사나 고객도 리드해 나갈 수 없다. 더군다나 현재 국내 홍보환경은 격변하고 있다. 언론사들의 공중파 방송이 가능해지면서 기존 방송사와 극심한 경쟁이 예견된다. 특이한 점은 스마트폰 출현으로 1인 미디어 시대가 도래

하면서 언론사들의 힘이 위축되고 있다는 것이다.

쌍방향 커뮤니케이션에 집중하라

인류가 불을 발견한 이래 최고의 걸작품이라 불리는 인터넷은 혁명에 가깝다. 인터넷은 이미 생활 일부로 확고하게 자리를 잡았고 인터넷 없는 세상은 이제 생각할 수 없게 되었다. 인터넷의 대중화와 디지털카메라의 보급으로 개인이 직접 콘텐츠를 생산하면서 블로그나 커뮤니티 등에서 첨단 정보통신과 멀티미디어 기술이 융합된 새로운 패러다임이 등장하고 있다. 개인 미디어의 등장으로 기존의 언론사의 위상이 위축되고 있으며 똑똑해진 소비자들의 위상은 소셜 네트워킹의 확대로 점점 막강해지고 있다.

인터넷이 도입될 당시만 해도 마케팅 담당자들은 인터넷은 포털사이트 광고를 통해 브랜드를 홍보하는 수단 정도로 활용했다. 신상품이 추구하는 타겟과 인터넷 주 사용자가 일치하는 상품일수록 인터넷에서 진행하는 프로모션은 더욱 효과적이다. 인터넷은 마케팅에서 커뮤니케이션의 수단인 동시에 매출을 달성할 수 있는 획기적인 채널이다.

우리나라는 세계 최고 수준의 정보통신망을 구축하고 있다. 전자정부를 표방한 정부의 정책에 힘입어 전국적으로 초고속망을 구축해 보급률도 최고 수준이다. 이를 반영하듯이 E메일 마케팅은 이미 보편적으로 활용되고 있다. 고객관계관리(CRM)가 성공적으로 정착될 수 있었던 배경도 비용이 저렴한 E메일이 가능했기 때문이다. 실제로 신용카드사나 이동통신사, 보험사, 증권사 등에서 요금청구서를 E메일로 발송하고 있다. 매월 수십억 원의 비용을 절감하고 있는데 국가적인 차원으로 환산하면 수백억에 달하는 비용이 절감된다. 여기서 주의할 점은 일방적인 광고나 정보의 전달에서 탈피한 쌍방향 커뮤니케이션이 이루어질 수 있도록 고객들의 참여를 유도해야 한다. E메일을 불특정 다수에게 무분별하게 발송하면 오히려 고객들에게 부정적인 영향을 미칠 수 있다.

브랜드에 대해 개별적으로 사이트를 구축하는 것도 효과적인 전략이다. 패션이나 화장품 등과 같이 감각적인 상품이나 금융, 건설사의 아파트 브랜드도 소비자와 직접 커뮤니케이션이 필요하므로 전향적인 관점에서 검토되어야 한다. 최근 출시되고 있는 신상품 대부분은 단독 홈페이지를 구축하고 있다. 기업의 홈페이지 안에서 제품소개 위주로 진행되던 관행에서 탈피한 긍정적인 변화다. 개별적으로 사이트를 구축해 운영하기 위해서는 별도의 비용과 시간이 소요되겠지만 그만큼 브랜드 가치를 올리는 일이다. 브랜드 사이트는 크게 브랜드파워를 올리기 위한 목적과 매출을 고려한 판매중심의 사이트로 구분할 수 있다. 초기에는 브랜드 중심으로 출발한 이후에 커뮤니티가 활성화되면서 상품을 판매하는 영역으로 확대되기도 한다.

무엇보다 인터넷은 쌍방향 커뮤니케이션 수단으로 활용해야 한다. 브랜드와 연계된 재미있는 게임이나 동영상을 제작해 인터넷상에서 유포하는 것도 하나의 방법이다. 또한 트위터나 페이스북, 블로그와 같은 SNS마케팅이 화두가 되고 있기 때문에, 참신한 아이디어가 가미된다면 기대 이상의 성과를 거둘 수 있다. 이는 인터넷의 장점인 수확체증의 법칙을 전략적으로 활용하는 것이다. 콘텐츠가 흥미 있고 재미있으면 다른 사람에게 자연스럽게 전파되어 크게 성공할 수 있다. 여기서 가장 중요한 것은 기발한 아이디어다. 브랜드가 추구하는 상업적 목적을 최소화하면서 네티즌들의 거부감을 없애야 한다. 이러한 요건이 충족되면 네티즌들의 자발적인 참여로 소셜 마케팅에서 화두로 떠오를 수 있다. 지금은 스마트폰의 확대로 소셜 미디어가 화두로 떠오르고 있다. 블로그나 트위터, 페이스북에서 별도로 브랜드 계정을 만들어 1인 미디어 시대에 쌍방향 커뮤니케이션을 전개하는 것도 적극 검토할 필요가 있다. 이를 브랜드 사이트와 연계해 지속해서 쌍방향 커뮤니케이션을 전개하는 일이 마케팅에서 핵심적인 과업으로 급부상하고 있다.

마케팅 리더십

최근의 마케팅 환경은 전쟁에 비유되고 있다. 자본주의 체제에서 기업 간에 벌어지는 자율경쟁은 불가피한 상황으로 현재 국경을 넘어 전 산업분야로 확대되고 있다. 이처럼 급박하고 혼란한 상황도 조금만 다르게 생각해보면 다양한 기회가 공존하고 있다는 것을 알 수 있다. 즉, 위기가 곧 기회인 것이다. 중요한 것은 경쟁이 심화하는 상황에서 기회를 포착할 수 있는 마케터의 통찰력이다.

히트상품에 대한 욕구는 1등 기업보다 2~3위에 있는 도전적인 기업이 더 크다고 할 수 있다. 시장에서 리더는 경쟁사들의 다양한 공격을 막아내는 동시에 시장점유율을 유지해야 한다. 상대적으로 잃을 것이 적은 후발회사들은 시장의 판을 깨고 싶어 한다. 리더가 시장구도를 유지하는데 마케팅 역량을 집중한다면, 도전자들은 1등이 가지고 있는 상품력보다 기능이 개선된 상품으로 시장의 판도를 흔들기 원한다. 시장의 판을 깬다는 의미는 혁신적인 상품으로 리더를 초조하게 만드는 것이다. 그래야 시장의 주도권이 리더에서 도전자로 넘어갈 수 있다. 이를 위해서는 역량 있는 마케터를 확보해야만 한다.

시장에서 기업 간 경쟁의 초점을 좁혀보면 결국 마케터들 간에 벌어지는 아이디어 싸움으로 귀결된다. 즉, 시장에서 혁신적인 상품을 개발하는 데 있어 가장 선행되어야 할 선결과제가 마케팅 역량의 강화를 위한 탁월한 인재의 확보다.

기술력이 핵심인 사업에 종사하는 기업마저도 기술은 기본이라는 전제하에 이를 상업화할 수 있는 역량 있는 사람을 원한다. 마케터는 부서 간에 얽힌 이해관계를 조정해주는 역할도 수행하는데, 만일 리더십이 부족한 사람에게 이러한 과업이 할당되면 그가 담당한 상품의 성공은 기대하지 않는 편이 나을지 모른다. 마케터의 기발한 아이디어로 시장에서의 승패가 결정되는 세계에서 역량 있는 마케터의 리더십은 그 무엇보다 중요한 요인이다.

아무리 기발한 아이디어도 회사에서 승인을 받지 못하면 시장에서 빛을 보는 것은 불가능하다. 실제로 우수한 아이디어를 실행하는 과정에서 프로젝트에 드는 투자비용이 비싸면기업은 주저할 수밖에 없다. 국내 기업들의 보수적인 문화를 고려할 때 경영진을 설득하는 것 자체만도 대단한 용기가 필요하다. 극단적인 경우, 이러한 설득의 과정을 거쳐 출시한 신상품이 실패하면 이를 주도적으로 추진했던 담당자가 회사를 떠나는 경우도 있다. 보수적인 문화를 가진 기업의 임직원들은 아이디어를 제안하는 것을 두려워하게 되고 이것은 경쟁사가 출시한 상품을 모방하는 악순환으로 되풀이될 뿐이다.

거시적인 환경변화를 예의주시하라

오늘도 무수히 출시되고 있는 신상품은 기업에 특별한 의미가 있다. 총체적인 노력이 결집한 기업의 얼굴이자 희망인 것이다. 이를 위해 흘린 땀방울과 각고의 노력 및 투자된 비용이 헛되지 않기 위해서는 과학적인 절차가 반드시 필요하다. 기업이 신상품을 출시하는 이유는 소비자가 필요해서가 아니라 내부적으로 기업이 필요하기 때문이다. 경쟁사에 대항하기 위해 시작했거나 지속적인 성장을 실현하기 위해, 또는 사업 다각화를 통한 신규 사업에 진출하려는 목적일 수도 있다. 모두가 매출액을 통해 수익을 창출하려는 의도다.

기업이 신제품을 개발하는 데는 여러 가지 경로가 있다. 자체적으로 아이디어를 발굴해 가장 먼저 개발하는 방법과 경쟁사를 모방한 전략도 있다. 시장에서 경쟁사와의 관계에 따라 상품개발 논리도 크게 영향을 받는다. 시장에서 힘의 우위에 있는 리더가 갑자기 자사상품의 영역을 침범하는 상품을 개발하면 이에 적극 대항할 필요가 있다. 이처럼 자사의 의지와 관계없이 상품개발을 착수하는 경우도 있다.

마케팅 의사결정은 대외적인 환경변화에 따라 크게 영향을 받는다. 농산물에 원산지를 표시하는 제도나 프로모션을 진행할 때는 1인당 경품으로 제공할 수 있는 금액이 500만 원 이하로 규정되어 있다. 세부적으로 들어가면 법이나 제도, 심지어 정치적인 변수에 이르기까지 유의할 사항이 더 많다. 한국소비자원이나 소비자를 대변하는 압력단체의 목소리에도 귀 기울일 필요가 있다. 예를 들어 금융권 기업들은 금융감독원의 정책을 위배할 수 없고 식품이나 의약품을 제조하는 기업은 식약청의 통제를 받는다.

이동통신사들은 정보통신부(현 지식경제부) 정책에 따라 마케팅 환경이 크게 달라지기도 한다. 실제로 SK텔레콤이 통신사업 초기부터 야심 차게 투자해오던 'Speed 011'에 대한 로열티가 번호이동의 자율화 정책에 따라 한순간에 물거품이 되어버렸다. 따라서 마케팅 담당자는 자사의 마케팅 환경에 절대적으로 영향력을 행사하고 있는 정부기관의 거시적인 정책이나 제도적인 환경 변화를 예의주시해야만 한다.

효율적인 마케팅 조직과 리더십

기업에서 운영하고 있는 마케팅 조직은 크게 2가지 유형으로 구분할 수 있다. 과업중심으로 분권화된 조직과 브랜드중심으로 구성된 조직이다. 과업중심으로 구성된 조직은 상품기획팀이나 광고관리팀, 프로모션팀 등과 같이 마케팅에서 수행하고 있는 업무에 따라 조직을 운영하는 곳이다. 주로 국내 대기업들의 마케팅 조직이 이처럼 구성되어 있다. 이와 달리 브랜드를 중심으로 구축된 마케팅 조직은 철저하게 사람이 중심이다. 상품의 기획부터 개발이나 광고, 프로모션까지 담당자가 총괄적으로 관리하는 시스템이다. 언뜻 보기에는 전자가 효율성이 높을 것 같지만, 세계적인 마케팅 회사들이 후자를 선택하는 것은 그만한 이유가 있다. 정책의 일관성을 기하고 브랜드에 대한 책임 있는 관리가 가능하기 때문이다.

국내기업들이 가장 보편적으로 채택하고 있는 마케팅 조직은 마케팅 본부 산하에 전략을 담당하고 있는 마케팅 전략팀을 시작으로 신제품 출시를 담당하는 상품기획팀, 그리고 광고를 집행하고 관리하는 광고관리팀, 프로모션만을 전담하는 판촉팀, 소비자조사를 정기적으로 시행하고 대외적인 경쟁사 정보를 수집하는 시장조사팀과 같이 '과업'을 중심으로 조직을 운영하고 있다. 겉으로 보기에는 마케팅 업무가 특성에 따라 효과적으로 운영될 것 같지만 실상은 그렇지 못하다. 이러한 조직의 가장 큰 문제점은 전략의 일관성을 유지하기가 어렵다는 것이다. 상품을 기획하는 부서가 따로 있고 커뮤니케이션만을 담당하는 부서도 있다. 게다가 상품의 매출을 관리하는 부서도 따로 있기 때문에 책임의 소재가 불명확할 뿐만 아니라 전략의 집중화가 결여되어 힘이 분산될 수 있다. 이러한 조직에서 일관된 커뮤니케이션 전략의 수행은 요원일 수밖에 없다. 반면 상대적으로 브랜드가 중심이 되는 소식에서 이러한 우려는 기우에 불과하다. 개발부터 기획이나 광고제작, 프로모션, 매출등 브랜드에 대한 전권을 행사하고 책임도 따르기 때문에 일관된 마케팅 정책을 운영할 수 있다.

모든 업무에는 절차와 과정이 있다. 전사적으로 연계된 마케팅 업무는 대체로 복잡하다. 모든 마케팅 업무를 표준화하는 것은 불가능하겠지만 브랜드가 중심인 조직에서는 가능할 수 있다. 업무가 표준화되지 않으면 곳곳에서 갈등이 유발될 수 있다.

마케터는 유관부서들의 목소리를 경청하고 이를 합리적으로 해결하거나 조정해줄 수 있는 리더십이 요구된다. 실제로 현장에서 그래픽을 담당하는 디자이너와 금형을 제작하는 담당자는 수시로 충돌한다. 디자이너는 경쟁사 제품과 차별화된 독특한 디자인을 지향하기를 원하지만 이를 금형으로 제작하는 일은 쉬운 일이 아니기 때문이다. 그밖에 연구원과 디자이너의 갈등, 공장의 생산담당자와 연구원의 갈등이 유발될 때 마케터는 중간에서 훌륭하게 리더십을 발휘해야 한다.

마케팅 기획과 리더십

현업에서 역량 있는 사람으로 인정받기 위해서는 기획력이 중요하다. 현대는 컴퓨터에 의한 문서화 작업으로 업무 대부분이 진행되기 때문에 기업에서는 문서를 작성하는 능력과 업무 역량이 동일시되는 경향이 있다. 마케팅 기획서가 중요한 이유는 기획서에 따라 사업의 성패가 좌우될 수도 있기 때문이다. 이러한 이유에서 기획서는 상사가 담당자의 역량을 평가하는 직접적인 변수로 작용한다. 기획서의 호소력과 설득력에 따라 사업이 추진되기도 하고 반대로 철회될 수도 있다. 분명한 것은 기획이 잘못된 상태에서는 프로젝트가 성공할 수 없다는 점이다.

현업에서 팀장이나 중간관리자들이 CEO로부터 인정받고 높은 지위로 승진하기 위해서는 자신의 탁월한 능력도 중요하지만, 역량 있는 인재를 많이 확보하고 그들로부터 성과를 이끌어내는 것이 더욱 중요하다. 중간관리자까지는 자신의 역량이나 학벌, 인간관계에 따라 승진할 수 있겠지만 그 이후부터는 사람을 다룰 수 있는 리더십과 관리역량이 뒷받침되어야 한다.

팀장이 사장에게 특정한 보고서를 지시받았을 때 가장 먼저 고민하는 것은 '팀원 중 누구에게 보고서를 맡길까?'라는 문제이다. 대부분의 팀장은 기획력이 가장 뛰어난 사람에게 보고서를 맡길 수밖에 없다. 제출될 기획서의 품질이 곧 CEO가 자신의 역량을 평가하는 기준이 되기 때문이다.

실제로 동일한 주제를 A라는 사람과 B라는 사람에게 지시했을 때 제출되는 보고서의 품질은 크게 다를 수 있다. 그것은 기계가 아니라 순전히 사람이 하는 일이기 때문이다. 이를 반영하듯이 현업에서 기획을 잘하는 사람일수록 업무량도 많고 추진력도 뛰어나 그만큼 승진도 빠른 경향이 있다. 이처럼 현대 기업에서 기획서의 품질은 직장인들의 역량을 평가하는 절대 기준으로 작용하고 있다. 기획서의 논리적인 구성이나 전개방식에 따라 프로젝트의 진행 여부가 결정되기도 한다. 즉, 잘못된 기획으로는 프로젝트가 성공할 수 없다는 말이다.

성공적인 기획서 작성을 위해서는 참신한 아이디어를 발굴해야 한다. 기획서 품질은 기획자의 고민한 양과 비례한다. 대부분의 기획서가 추구하는 본원적인 목적은 동일하다. 말로 설명하거나 협상하는 것보다 체계적으로 문서화된 자료로 커뮤니케이션을 전개하는 것이다. 현업에서 마케터가 기획역량을 강화하는 방안으로는 남들이 작성한 뛰어난 기획서에서 배우는 것이 좋다. 또한 아이디어가 떠오를 때 자발적으로 기획서를 작성하고 상사에게 제안한 다음 기획역량을 평가받는 방법도 있다. 물론 가장 좋은 방법은 기획력이 탁월한 상사에게 업무를 배우는 것이다. 수년이 흐른 뒤에 상사의 모습을 그대로 닮을 수 있기 때문이다.

컴퓨터로 문서화된 작업을 진행하고 있는 요즘 같은 시대에 남들이 작성한 잘된 기획서로 훈련하는 것은 아주 쉬운 일이다. 여기에 자신만의 색깔과 독창성을 더하기 위해서는 반드시 특별한 아이디어와 전략적인 사고가 반영되어야 한다. 좋은 기획서나 잘된 보고서의 우선 조건은 첫 장을 보았을 때 다음 페이지가 궁금해져야 한다. 기승전결에 의한 논리적 구성이 탄탄하고 호소력이 있다면 다음 페이지가 궁금할 수밖에 없다. 기획의 내용이 살아 있고, 적재 적시에 도표와 숫자의 나열이 일목요연하게 정리하는 것도 중요하다. 정리가 깔끔해서 보기에 편해야 한다는 말이다. 기획서가 이야기하고자 하는 바를 상대방에게 명확하게 전달하는 것이 가장 좋다.

기획의 근간이 되는 것은 콘텐츠다. 제대로 수립된 콘텐츠는 기획서의 전반적인 구성을 마치 물이 흘러가듯이 자연스럽게 잡아줄 뿐만 아니라, 기획자로 하여금 특정 부분에 치우치거나 객관적인 시각을 놓치는 것을 막아줄 수 있다. 반대로 어설프게 수립된 콘텐츠는 숲보다 나무를 보는 함정에 빠지거나 기승전결이 불명확해 보는 이로 하여금 호소력도 떨어진다. 기획서에 들어갈 콘텐츠를 확정할 때는 심혈을 기울여야 한다. 콘텐츠를 어떠한 재료로 어떻게 구성할지에 대한 밑그림을 그린 다음, 큰 제목을 확정하고 최종보고에 맞춰 중간보고 일정도 확정하는 것이 좋다. 논리적 근거를 뒷받침해줄 수 있는 가능한 한 많은 자료를 확보하는 것은 기본이다. 자료를 본격적으로 작성할 때는 앞에서부터 차례대로 채우려 하지 말고 앞뒤를 오가면서 전체적으로 채워나가야 한다. 기획서의 맨 앞장은 본론에서 다루고 있는 모든 내용을 한 장으로 압축해 제시하는 것이 좋다.

유머로 무장해제 시킨 뒤 설득하라

마케팅이 다른 직종과 차이가 있다면 대중들 앞에서 특정한 주제를 발표할 기회가 많다는 점이다. 마케터는 분기나 월별로 진행하는 프레젠테이션(PT)과 신상품을 출시하면서 호텔에서 진행하는 공개적인 제품설명회 등 다양한 주제를 가지고 청중들 앞에서 프레젠테이션을 수행해야만 한다. 프레젠테이션은 특정한 주제를 발표자가 청중들에게 체계적인 방법으로 일정한 시간 동안에 정보를 제공하거나 영향력을 발휘하고자 할 때, 대면적인 상황에서 공개적으로 청중에게 전달하여 발표자가 의도했던 반응을 얻어내는 일련의 커뮤니케이션 과정이다. 여기서는 얼마나 많이 알고 있느냐보다 효과적으로 상대방을 설득시키거나 정보를 전달하는 문제가 더 중요하다. 동일한 주제를 가지고도 천차만별의 결과가 나올 수 있다. 좁은 의미에서 프레젠테이션은 청중들 앞에서 특정한 주제를 발표하는 것으로 한정되지만, 넓은 의미에서는 협력업체와의 협상이나 상사에게 업무보고를 할 때처럼 일상적인 업무에도 녹아 들어가 있다.

성공적인 프레젠테이션을 수행하려면 자신감을 가져야 한다. 청중과 대화하는 자세로 상대방과 눈을 맞춰 가며 리드하는 것이 좋다. 핵심인물에게는 눈길을 자주 주는 것도 좋다. 프레젠테이션도 선천적으로 타고나기보다는 학습으로 정교하게 연마할 수 있다.

누구나 성공적인 프레젠테이션을 희망하지만 실제로 사장이나 경영진 앞에 서면 당황하게 된다. 누구나 프레젠테이션이 끝난 다음에 아쉬움이 남았던 경험이 있을 것이다. 중요한 점은 경영진이 기대하는 것이 무엇인지를 제대로 파악하는 것이다. 그들의 눈높이로 자료를 만들고 예상 질문과 답변을 미리 대비하는 것이 좋다. 정보를 전달하기 위한 프레젠테이션이 있고 설득을 위한 프레젠테이션, 사업성과나 시장조사 결과에 대한 성과보고인 경우도 있다. 목적과 성격에 따라 프레젠테이션을 진행하는 방식과 내용도 달라져야 한다. 경영진이 가장 궁금해할 사항에 대해서는 서론부에서 먼저 제시하고, 본론부에서는 실행전략과 논리적 근거를 제시한 다음 마지막으로 결론부에서 강화를 위해 경영진의 주 관심사를 다시 제시해야 할 것이다.

첫인상과 첫마디가 프레젠테이션 승패에 큰 영향을 미친다. 사안에 따라 조금씩 다르겠지만, 첫마디는 가급적 유머로 주위를 환기하는 것이 좋다. 본론부는 객관적 사실에 근거한 통계 분석 자료나 구체적인 숫자를 통해 이성에 호소해 설득력 있게 납득시켜야 한다. 프레젠테이션을 진행하면서 독특한 습관이나 손의 위치도 상당히 큰 영향을 미친다. 특정한 단어를 남발하거나 마치 책을 읽는 것과 같이 음의 고저가 없는 것도 프레젠테이션 결과에 나쁜 영향을 미칠 수 있다. 흐르는 물과 같이 적재 적시에 사용되는 바른 연결어와 청중들에게 던지는 질문은 청중들의 집중력을 배가시킬 수 있다.

프레젠테이션 역량을 향상할 수 있는 최선책은 자신의 프레젠테이션 장면을 비디오로 촬영해 직접 시청하는 것이다. 자신의 모습을 제3자 관점에서 눈으로 확인하는 방법이 백 마디 말보다 훨씬 효과가 있다. 일부 기업에서 마케터들의 프레젠테이션 역량 강화를 위해 이를 활용하고 있다. 자신감 있는 프레젠테이션은 자신에 대한 믿음과 신뢰에서 나오고, 믿음의 뒤에는 철저한 준비와 연습이 뒤따라야 한다.

성공을 이끄는 마케팅 법칙

펴낸날　　초판 1쇄　2012년 5월 3일

지은이　　**추성엽**
펴낸이　　**심만수**
펴낸곳　　**(주)살림출판사**
출판등록　1989년 11월 1일 제9-210호

경기도 파주시 문발동 522-1
전화　031)955-1350　　팩스　031)955-1355
기획·편집　031)955-1374
http://www.sallimbooks.com
book@sallimbooks.com

ISBN　978-89-522-1817-9　　04080

※ 값은 뒤표지에 있습니다.
※ 잘못 만들어진 책은 구입하신 서점에서 바꾸어 드립니다.

책임편집　**이소정**